コミュニティユニオン

community union

《沈黙する労働者とほくそ笑む企業》

梶原公子 著

あっぷる出版社

はじめに

今日、多くの職場でうつが蔓延している。長年、労働環境を改善するため闘ってきた労働組合（以下、労組）、その運動を担ってきた全共闘世代、団塊世代は高齢化している。だから この運動はあと10～15年で終わるのではないか、と言われる。

それが最近、この流れに逆行するような話を聞いた。

「ここ10～15年、20、30代の若い社員が労組に入るようになった、そんな会社があるんだよ」

この情報をもたらしてくれたのは大阪出身、徳島在住の北野静雄さん（72歳）だ。私は彼を頼って四国、徳島に行った。２０１９年秋のことだ。

ここ徳島には「オロナイン」「ゴキブリホイホイ」「ポカリスエット」など数々のヒット商品を世に送り出した大塚グループがある。労組加入者に若者が増えたというのは、このグループのなかの一つ、大鵬薬品工業だ。北野さんはこの会社に勤務し、労組を立ち上げた。現在はＯＢとしてかかわっている。

大鵬薬品工業労働組合の第39回定期大会でお会いした、中央執行委員長の田辺利之さんはこう言い切る。「労組の重要性は、それが〝ある〟ことで、労働条件がよくなることです」

大会終了後、7、8人の組合員がインタビューに応じてくれた。私の疑問は、彼らはなぜ労組に入ったのか、この運動をどのようにとらえ、どのようにかかわっているのだろうか、ということだ。以下は彼らの話の一部である。いずれも若い男性である。

「加入してよかったことは、会社に意見が言えることです。僕は派遣社員として入社したのですが、団体交渉によって非正規社員の労働改善につながり、正社員になりました（24歳）」

「会社側と対等に意見が言えると聞いて、それなら入ろうと思いました。労組に入ったことで会社の実態が把握できるようになりました（22歳）」

「いろんな会社を見てきて、給料もいい、福利厚生もいい会社だと思って入社しました（23歳）」

なかには「労組とは何かを知りませんでした（24歳）」とか「特に会社に不平不満があるわけではなかったが、組合活動の説明を聞いて入ろうと思いました（24歳）」という人もいた。だが、最も多かった回答は「会社と対等にモノが言えるから加入した」だった。

いま、この国の会社内労組は、長年の組合つぶしの結果、そのほとんどが会社の言いなりになる「御用組合」になってしまい、「闘う労組」で残っているのはほんのわずかだ。それに代わって、会社の外にある「誰でも、一人でも入れる」コミュニティユニオン（地域ユニオン）に期待がかかるようになった。

大鵬薬品労組は会社内の労組だ。にもかかわらず上記のように労組を評価し、かかわりを持つことに意義を見出す若者がいることに、私は少なからず感動した。


北野さんは40年前を振り返って次のように語る。

「僕は研究労働者として入社したんよ。その頃は試験管振ってお金がもらえる、くらいにしか考えとらんかった。それに研究者が自由にモノが言えない職場だったしな。ところが1981年、ダニロン事件というのが起こった。ダニロンという薬は遺伝子を傷つけ肝腫瘍を発生させる物質を放出することがわかった。〝ダニロンは安全性に問題あり〟と言うと、会社側は〝黙って働いていれば生活させてやる〟という態度や。だが、これを黙っていると、ひょっとしたら人殺しにつながるかもしれんと思うたんや。だけどやねえ、僕が〝製薬企業の研究者として許せない〟と思ってから、労組結成を決断するまで1年かかったんよ」

北野さんたち労組は市民や薬害被害者からの支援を受けて、反薬害運動をした。その結果、労組は研究労働者から工場労働者に広がっていき、ダニロンは製造、販売禁止になり、今日に至っている。

「困っている人の隣におろうと思った。正義感じゃないんよ。この運動をやっていて楽しいからやってこられた」

北野さんは自宅の敷地内に労働相談ができる1戸建てを作り、困っている人のシェルターとしても使っている。


これまでの年配世代による労働組合の闘いは、若者世代と接点が持てずにいる。だが、北野さんたちの労組は、年配世代から若者世代に継承されている、数少ないケースといえるだろう。何よりも労組があったからこそ、会社は薬害を引き起こさずに済んだ、という事実がある。それによって労組は会社から必要とされる存在になった。製薬会社という特殊性もあるだろう。一方、労組があることで労働条件がよくなっている、という労働者のメリットがある。そのメリットを若者が実感している。会社内に労組があることで、会社も労組も発展しているのだ。

だが多くの若者に聞くと、「ユニオンなんて作って意味があるの?」「既得権益を守るだけじゃない?」「イメージがわかない」「ユニオンで闘うより、自分の生活を守るだけで精いっぱい」などなどの意見が多い。

いまの若者は、生まれたときからこういう社会で会社とはこういうものだ、という思い込みがある。低賃金、長時間労働、そして根拠のない社員への評価など。その結果うつなどになり、心身を病んだりする。

いま、非正規や正規にかかわらず、誰でも入れるコミュニティユニオンがあちこちで作られている。労働で困難を抱える人の多くは、弁護士を頼り、法テラスに行き、労働基準監督署に行き、最後の「駆け込み寺」としてコミュニティユニオンにやってくる。彼ら彼女らの抱える問題は深刻だ。

だが、世代を超えて労組の理念を継承し、労使双方が発展することは他の企業でもできないことだろうか。

会社の利益を超えて、会社も労組も発展するというビジョンを持つことは、不可能なことだろうか。

しかし、私が本書で述べたいのは、そんなに大それた話ではない。「食べていけるだけの稼ぎができること」「人間らしく働けること」。これくらいのことがこの国で、ユートピアなどでなく、実現不可能なことでなくてどうするのだろう。これでほんとうに先進国と言えるのだろうか。

「たとえ不可能なことだとしてもあえて不可能なものに賭ける、という、愚かしい過ちを犯すことは、おそらく人間だけに許された特権である（石井洋二郎『科学から空想へ』藤原書店　2009）」

　これは、フランスの「批判的、空想的社会主義者」と言われるシャルル・フーリエの思いである。この思いに共感しつつ、現代の労働現場を歩き、そこで抱える課題を考えていきたい。

目次

第7章　やめる権利　165

第8章　ユニオンを活用するには　197

第1章　ユニオンの森で

コミュニティユニオンとは

私は2010年から会社の外で活動する「ふれあいユニオン」という団体に所属している。ふれあいユニオンとは静岡県内に6か所ほどあるユニオンで共通して用いる名称だ。例えば静岡市で活動するのは「静岡ふれあいユニオン」。通常はコミュニティユニオン（地域ユニオン）と呼ばれる地域密着型のユニオンで、パートでも派遣でも外国人でも、誰でも一人でもメンバーになれる。歴史は意外に古く、1984年に結成され「ふれ愛、友愛、たすけ愛」を合言葉に、全国にネットワークを持つ。これらコミュニティユニオンは、企業内の労働組合が低迷していく中、企業の外で作られる労働組合である。ネット検索すればその地域にどのようなユニオンがあるかわかる。年に一度全国交流会がある。

私は自分の住む三島市で作られた「三島ふれあいユニオン」に参加し、いくつもの労働相談を受けてきた。なぜこのような団体に入ったのかといえば、かつての職場である県立高校の同僚に誘われたからだ。

立ち上げた当初、三島ふれあいユニオンの執行部は私を入れてたったの4人。執行委員長、副委員長、書記長、そして会計である私。いずれも年金生活者とその予備軍である。つまり現役のころ労働組合で活動していた人が（私が高教組にいたのはたったの3年半だが）、退職後に現役世代の労働問題をサポートするという構図になっている。

私も含めて４人はいずれも元教員か市議会議員で、彼らは「社会貢献をするリベラル市民派」を自認している。私にはそこまでの思い入れに欠けていた。誘われるままに入ったのは、なんとなく面白そう、と思ったからだ。実のところ、私はユニオンとは何か、どのようなことをするのか、何ができるのかなど、基礎知識をほとんど持ち合わせていないまま活動をはじめたことを告白しておきたい。しかしいま、会社内にユニオンがないところは多いし、あったとしても御用組合が多い。活動していく中で、コミュニティユニオンは貴重な存在だと思うようになった。

私が所属する「三島ふれあいユニオン」は、企業内組合や国労（国鉄労働組合）などとネットワークを作り、案件を共有しながら労働相談とその解決にあたっている。相談者が三島市など静岡県東部であれば、たいていその案件が回ってくる。すると、執行委員長から連絡が入り、４人が集まり労働相談の日取りを決める。相談者が途中で相談を取り下げることもあるが、団体交渉に持ち込み、そこで解決することもあるし、もっと上まで、つまりあっせんや裁判に進むこともある。

相談者の多くは中小企業で働く老若男女の労働者だ。ユニオン側はたいてい２人以上で相談者に会う。それぞれの職種や年齢は違っても、その働かせられ方を聞くと労働者の権利が無視されている、無権利状態といってよい例も多い。昨今では、外国人を「実習生」と称して劣悪な労働環境で働かせる事例は想像を絶するものがある。

まつりさん事件

「劣悪な労働環境」で思い起こすのは労働基準法違反の長時間勤務の末亡くなり、労災認定された「まつりさん事件」である。大手広告会社電通の社員、高橋まつりさん（当時24歳）は、過労死ラインを超える長時間勤務が続いた。２０１５年10月、上京した母親に「もうやめたい」と漏らし、12月には「眠い、眠い」と繰り返し、ＳＮＳ（会員制交流サイト）には、「もう（午前）４時だ　体が震えるよ　しぬ　もう無理そう　疲れた」と記していた。そして２０１５年12月25日、社員寮から飛び降りて命を絶った。

残された遺族の悲痛な気持ちは想像できる、といったらうそになるだろう。しかし、生物の中で唯一想像する能力を持つのが人間である。だからこそ、まつりさんの事件と向き合い、命にかかわる仕事の実態があること、そういった労働環境を根絶させるにはどうしたらよいかを、私なりの想像力を働かせつつ、読者諸氏と共有したいと思ったのである。

警察庁によると2019年、仕事が原因の自殺者は1949人で、勤務問題を原因の一つとする割合は増えているという。「民主主義」とされるこの国で、なぜそこまで非人間的なことが労働現場で起きるのか、この国の労働環境はこれでいいのか？　高橋まつりさんをはじめ、自殺に追い込まれた方々の事例はこのことを問うている。

なぜここまで非人間的なことが起きるのかという先の問いの答えの一端を言うなら、敗戦後70年余りの間に、労働者の味方である「民主主義」勢力の労働組合が力を失い、労働者の味方になれなくなった、その結果に他ならない。そしてまた「まつりさん事件」も後に述べる案件も特殊な事例ではなく、氷山の一角に過ぎない。過酷な事例のほんの一部だから、現れたその氷の下には果てしなく続くもっとひどい状態が存在するに違いない。

本章では三つの例を取り上げ、その小さな穴から見える過酷な労働の実態と被害の悲惨さを明らかにし、このような労働をこの世からなくすためにはどうすればいいのかを考えたい。

ユニオンは不要なのか

ユニオンに参加したころ、私は相変わらず「民主主義」を信じていた。だから若者が労働問題で悩むのを聞くと「ユニオンを作れば」と咄嗟に口から出てしまっていた。だが、どうやらユニオンは若者世代から嫌がられるもの、ユニオンに入れば会社で不利な立場になる、もっと言うならユニオンは社会悪だとすら思われている。

そんなことよりまずは自分の位置を確保し、欲しいものはお金を出して買う。そこに快適な暮らしがある。それが資本主義というもの。資本主義の魔力と言ってもよいだろう。

私は労働相談に関わりながら、こういった「思想」を目の前にいる若者に教えたのは我々年配世代ではないか、と思うようになった。私が関わっているユニオンのやり方は若者世代には通用せず、もしかしたらなんの魅力も感じないものになっているのかもしれない、という思いが頭をかすめた。

多くの若者にとって、なぜユニオンは魅力のないものになったのだろうか？　私が若者の働き方に関心を抱くのはこの疑問からはじまった。ユニオンに関心がないばかりか、なくてもよいと思い、そう言っている若者に何人も出会った。私はそんな若者に対して「資本主義社会で賃金労働をするのなら、ユニオンはどうしても必要なものではないですか。一人ではできない労働問題を解決できる重要な権利を持つものは、この国では労組法に基づくユニオンしかないんですよ」などと言えなかった。

それにしても、若者はどうしてここまでユニオンに関心をなくしてしまったのだろうか。

仕事をしていて何かしら不利益を被ったことがないからだろうか。賃金労働者として管理され、抑圧されているという感覚を持つことがなかったからだろうか。

彼ら彼女らの話を聞くなかで、私たち団塊世代以上の年配者と、高度成長以後モノにあふれ、大学進学が当たり前の社会で育った世代との間には、理屈、もっといえば言葉では理解しえない深くて暗い、底の見えない溝があるのを感じた。

いま、「労働者」という名称はあまり聞かない。「労働者？　労働者なんて、今じゃいないですよ」という若者も多い。賃金をもらって働く人は労働者でなくていったいなんなのか。バイト、パート、スタッフ、キャビン、クルー、アテンダント。あるいは日雇い、非正規雇用、契約社員……。どのような名称であれ、彼ら彼女らは残業代未払い、パワハラ、セクハラ、不当解雇などなどせっぱつまったトラブルを抱えユニオンにやってくる。ほとんどはまず労働基準監督署に行って窮状を訴え、次に弁護士や法テラスを訪ね、あれやこれや探したあげくいずれでも埒があかなくて、最後の砦としてコミュニティユニオンに連絡してくる。

相談が進んで団体交渉などに持ち込まれる場合、相談者はユニオンに加入し組合員にならなければならない。三島ふれあいユニオンの場合、組合加入費として2000円納めてもらう。その後、案件が金銭解決したら、相談者は会社から受け取った解決金のなかから1割を案件処理の経費（交通費、通信費、印刷費など）としてユニオンに支払う、というシステムになっている。

4人という人数とこのお金でこなせる案件には正直限りがある。けれども、何人もの相談者に接し、相談内容を聞き、解決に向けて活動しているうちに、相談事には仕事の内容を超えた、厄介でどうしようもない問題が含まれていることがわかってきた。「ユニオンを作ればいいいよ」と言っても、二つ返事で「はい」と答える人がほとんどいないのは、ユニオンを作れない理由があるはずなのだ。様々な相談を受けているうちに、その理由が「厄介な事情」と関係することがうっすらわかってきた。はじめに、相談者の事例をいくつかご紹介する。ただし、労働相談は必ずしも解決に至る案件ばかりではないことを事前に述べておきたい。

「こんな会社をほうっておいていいのか」

―工業株式会社、三田裕一さん（37歳、仮名）

三田さんが相談にやってきたのは201×年10月18日。彼は暗く思い詰めた様子で私たち執行委員の前にぼそっと座って、淡々としゃべりはじめた。

勤めているのはクレーンや高所作業車を修理、レンタルする会社です。僕は情報システム部というところにいて、ホームページの作成とかIT関係の雑務をやっています。問題のはじまりは同じ部署の佐藤（41歳、仮名）と口論になったことです。佐藤から仕事上の不備を言われて口論になりました。口論のなかで僕は〝殺すぞ〟という言葉を使ってしまいました。そのことを佐藤から聞いた社長は、〝殺すぞ〟という発言は懲戒解雇に値すると言いました。社長は学歴オタクで素行の悪い人間は嫌いという人です。このことがあったのは4月のはじめです。6月、口論をした相手の佐藤が会社をやめました。理由はわかりません。

当時、会社の業績が落ちているのに、決算上は黒字でした。粉飾決算をしているんじゃないかと思いました。決算や納税が混乱していましたし、僕は経理ではないけど、それを知る立場にいました。こんな会社をほうっておいていいのかと思っている矢先に、社長面接がありました。その面接で会社をやめるように言われ、自宅待機を命じられました。自宅待機のうち4日分は有休として扱えと言われました。10月15日までは有休ですが、それ以降の僕の扱いがどうなるのかは、はっきりしませんでした。

佐藤との口論のことですが、このことは精神的ダメージがありました。自宅待機しているなかで、復帰したくないと思うようになりました。だけどこのまま泣き寝入りもしたくないと思いました。できることなら会社と金銭和解して早期に解決したい。社長からは解雇の相談にはのる、解雇予告通知を出してもいいと言われました。でも僕の場合、正当な解雇理由はないと思うし、履歴が汚れるので受け入れられないと思いました。

対応を相談した結果、現在の会社での三田さんの身分を中心に団体交渉することになった。団交申し入れ書を送付し、1か月後に実施された。団交に先だってI工業の登記簿を調べると、決算は黒字であることなどがわかった。

団体交渉には社長、社会保険労務士、そしてどういうわけか、退職した佐藤さんが総務担当として出席していた。佐藤さんを見るなり、三田さんは「おまえ、なんでここにいるんだ！」と掴み掛らんばかりに怒鳴った。これを制するように社労士が言った。「佐藤氏は10月になって復職しました。総務担当ということで出席してもらったんです」

団交は三田さんの身分を会社側のそれぞれの立場から説明するのが主となり、まず社長が口を開いた。

「三田さんと行った面談は、情報システム部を廃止することを彼に伝えるためです。ついては三田さんに退社してほしいと言いましたが、これは相談で解雇という認識はありません。その後雇用契約を解消したいと言いましたが、これもあくまで相談でした。本人が自宅待機していいかと聞くので、有休を使うならいい、有休でなければ欠勤だと言いました。すると三田さんはその場で有休届を出し、私物を片付け、パソコンデータを抜き取って帰ってしまいました。彼がいると職場の雰囲気が悪くなります」

続けて社労士が発言した。

「自宅待機している間は有休扱いです。会社都合で休めと言っているのでその間の給料は６割保障になります。社長には会社の義務として三田氏の配置転換など努力をするよう私から申し上げています。その結論が出るまで解雇予告通知は棚上げにしたいです」

さらに、総務担当として出席していた佐藤さんが発言した。

「会社内での三田さんの評判はよくありません。殺すぞ、という言葉を二度も使うような人間だからです。そういう人間はこの会社にふさわしくない。これは自分の意見ですが、社長の意見でもあります」

三田さんは黙って聞いたあとで、こう言った。

「僕は会社をやめたくありません。解雇は受け入れがたいです」

会社側と三田さんの意見は折り合いがつかなかった。折り合いをつけるには、解雇が正当であるかどうか、合理性があるかどうかを明確にする必要があるとの結論に至り、１週間後に再団交を行うことになった。

2回目の団交も1回目と同じメンバーで行われた。前回の団交内容を確認した後、社長が口を開いた。

「三田さんの解雇理由は情報システム部の廃止に伴うものですから、会社の都合による解雇とさせてもらいたい。そこで解決金を払いたいのですが、次の案でいかがでしょうか。11月分の給料27万円、退職金20万円、平均月収27万円の3か月分、これらの合計額です」

ユニオン側は社長の提示案を受けて別室で相談した。「三田さんは不当解雇だ、その場合解決金として平均月収の6か月分という事例がある」という意見が出たが、三田さんが社長の案に同意したため、それで一件落着となった。団交終了直前、三田さんは大事なことが抜けていると、次のように言った。

「9月と10月の残業代が未払いです。計算すると7万6000円になります。解決金にこの金額を加えてもらいたい」

解決金は残業未払い分を足した金額で、1週間のうちにユニオンの口座に振り込まれることになった。交渉が終わってから、私は三田さんにお金の支払いについて確認した。

「あなたの口座を教えてください。1割を差し引いて振り込みますから」

彼は「わかりました。だけど会社は本当にお金を振り込むだろうか」と疑い深い目つきで言って、さらにこう付け加えた。「残業代の未払い分も出るんですよね」

私は未払い分も出ることを告げ、ユニオンからの要望として次のことを伝えた。

「来年4月にユニオンの定期大会が行われます。それに参加してくれませんか？　その時にあなたの労働相談がどのような経緯を辿ったかを皆さんに報告していただきたいのです」

三田さんは「わかりました。できる限り都合をつけます」と言って振り返ることなくその場を去った。4月の定期大会に彼は姿を見せなかった。その後、彼からはなんの連絡もない。

今、労働相談の多くが金銭解決に収斂しているという。お金でカタを付けるということは、お金が謝罪の代わりであり、お金に翻弄されていかざるを得ない時代を映し出している。人間は信頼に基づいたつながりより、お金でしかつながれなくなっているのだろうか。

「地元に帰って働きたい」

ファミリーレストランチェーン店　西谷弘子（49歳、仮名）

201×年が明けてまだまだ寒い2月半ば、小柄な中年女性が労働相談にやってきた。その女性、西谷さんは大阪出身だが、現住所は私たちのふれあいユニオンがある三島市。彼女は全国で300店舗以上を展開するファミリーレストランチェーンの正社員。相談内容は以下のようだった。

私はこの会社に20××年9月に正社員として大阪で入社しました。もともと大阪の人間で、親せきや友だちなどみんな大阪に住んでいます。入社してから10か月後に、埼玉県に転勤を命じられました。いやいやながら行きました。埼玉には会社の本社があります。ここも10か月で転勤が命じられ、兵庫県に行かされました。兵庫では8か月、そのあと静岡県のH市、F市にそれぞれ4か月いて、昨年の10月に三島に来ました。今年の2月、急に、というよりいつものことですが、神奈川の店に行ってくれ、2月末までに着任するようにと言われました。

あまりにめまぐるしく勤務地が変わるので断ると「これは業務命令だ」と言われました。この業界はとても厳しくて、この数年で50店舗が閉店しています。たいてい15人くらいが同時に転勤します。三島は店長、副店長は正社員ですがあと60人くらいはパートとかアルバイトです。どこの店も大抵そうです。

私はシングルです。でも、実家が大阪にあるので月に一度くらいは帰省します。帰省費用は会社が出してくれますが、鈍行にしてくれと言われていて、新幹線代は出ません。それが今年から「帰省はバスにしてくれ、その代わり休暇を3日にする」と言われました。単身赴任者は月に2度帰省できます。35歳以下は、帰省費用に2万円以上かかった場合、会社がその分を出します。私は単身赴任者ですが、35歳以上なのでこの条件に当てはまりません。アパート住まいですが、住宅費は自己負担です。

労働組合はあります。でもユニオンショップ制で（入社した社員は全員組合員になる制度）、いわゆる御用組合です。月に２５００円組合費を取られます。いろんな経費を差し引くと、手取りは12万円くらいです。

私は神奈川には行きたくありません。実家により遠くなるからです。今日は、転勤しなくてよくなるにはどうしたらいいかを相談に来ました。でも、2月24日には神奈川の店に行くことが決まっています。実は私、以前も転勤拒否をして、退職届を出したことがあります。その時は、関西にあるユニオンが仲介に立ってくれて退職を思いとどまったのです。でも、そのことで会社からはトラブルメーカーとみなされています。

私たちは、西谷さんの転勤したくないという意向を本社に連絡、交渉しようとした。けれども、個人の人事問題は本社ではなく、地域をブロックごとに掌握する統括部長が当たっているからその人と交渉してほしいと言われた。４日後、再び西谷さんに話を聞くことになった。すでに2月19日で「業務命令」の24日が迫っていた。

西谷さんから再度話を聞いた。内容は次のようだ。


実は統括部長には〝お願い〟の文書を持って行きたいとアポを取ったのです。でも「24日までに神奈川の店に行くことは決まっている、あそこは人が少ないから応援に行ってもらいたい。2か月でなんとか帰れるようにするから」と言われてしまいました。

いま、160時間の月労働時間に対して賃金が支払われています。神奈川に行くと、10時間減るシフトになります。その10時間分は賃金から差し引かれます。3年前に『賃金計算同意書』という書類を受け取りました。そこには年収288万円を16か月で割った金額、18万円が基本給だと書かれていました。288万円にはボーナス2か月分が含まれています。手取りの12万円では帰省費用がどうにもならないのでそのことを言うと、「いま、この業界は生き残りが大変になっている。帰省経費を出している人は、いまは誰一人いない」と言われました。それでも、なんとかできないかと聞くと、いくらかかるのかというので、バスで1万円かかると答えました。後でまた連絡するということでしたが、その後なんの連絡もありません。

この先どうなるかわかりません。大阪は人が余っているから行ってもらうところがないそうです。でも私は関西に帰って、そこで働き続けたいです。

多くの従業員が短期間で転勤を繰り返すとなれば、コストもかかるし職場にも慣れないし人間関係も作れない、仕事も覚えないなど、コストパフォーマンスが悪いのではないかと思う。会社の経営が悪化し、生産性が上がらないのは当然だろう。それなのになぜ会社はこういう方式を続けるのだろうか？　私たちの疑問に対して西谷さんはこう言った。

それは、多くの従業員が、下にいるときなんでも上の言うことを聞かなければならなかったし、言うとおりにしてきたからです。だから、自分が上に立ったとき、自分がされたのと同じことを下の人間に対してするのです。全国区の採用ではたたき上げの人が多いです。私のブロックの統括部長もたたきあげです。会社が成長してきた功労者として今の役職に就いたのです。この人はそれまで給与や待遇に関してご無理ごもっともで受け入れてきたので、自分が上に立ったとき、同じことを下の人に強要するのです。無駄なコストがかかったり会社の体力が落ちたりしても、この体質は変わりません。正社員の男性の多くはこの体質を疑問に思っていません。仕事とはこんなものだと転勤も仕事の一つと考え受け入れています。

西谷さんは転勤を受け入れるかどうか、日程的にもぎりぎりのところに来ていた。この先もずっと転勤を受け入れなければならないのなら、団体交渉をやってでも拒否したいという。ユニオンとしては交渉相手となる地域の統括部長に連絡をとろうとしたが、本社にあたっても連絡がとれない。統括部長は店舗に所属しておらず、居場所が特定できないのだ。オフィスやデスクもなく、彼の所在を掴むのは困難で、結局、統括部長とコンタクトがとれないまま、団交の申し入れすらできない状態で時間だけが過ぎていった。

そうこうするうちに、西谷さんの転勤日である24日が過ぎ、その日以降、彼女からの連絡はなくなった。

西谷さんは神奈川に着任したのだろうか、それとも会社をやめて大阪に帰ったのだろうか。相談者が途中で案件を取り下げることは珍しくない。理由は長期に及ぶ会社とのやり取りに疲れたり、早く次の仕事を見つけなければ生活が成り立たなくなったりなど様々である。依頼者と連絡がとれないまま、この案件は終了した形になった。

「解決金を取りたい」

グループホーム介護職　岡清美さん（31歳、仮名）

10月初め、冷たい雨が降り出した夕暮れに岡さんは相談にやってきた。蒼ざめて憔悴し切羽詰まっている様子がうかがえた。岡さんの相談内容は次のようだ。

私はHというグループホームで働いて３年になります。職員は全員正社員で15人、チーフは40代の女性Tさん、社長は30後半の男性でMといいます。この会社はグループホームの他にデイサービスもやっていて、私が勤務するグループホームは18人が入所しています。勤務は早番、日勤、遅番のシフト制ですが、タイムカードがきちんと管理されていないし、交替の申し送りもうまくいっていません。

問題のあった日は９月22日の夜です。チーフのTさんが私のことで職員にパワハラ的メールを送ってきました。うちの職場内では細かな連絡はメールでやり取りしています。例えばチーフは新人に「休憩時間が足りないのは、仕事のやり方がダメだからだ」だなどと暴言を吐くのです。シフトもみんなの都合を聞かずに勝手に組む、出退勤も彼女だけは自己管理です。暴言でやめた新人もいて、職員の出入りが激しいのです。

社長は「よくないと思ったとき、問題があるときはメールを送ってほしい」と言っていました。それで私は職場で問題があったとき、それをメールしてきました。でも、社長は取り上げてくれませんでした。

社長という人は親の土地に施設を立て、オーナーに収まっています。ボンボンなのです。介護の仕事も職員のことも知りません。

チーフは私の態度が気に入らなかったのだと思います。私の書いたメールの文章で、私が悪者になるような部分だけを切り取って職場のみんなに流したのです。それから、私に対する職員の態度がすっかり変わりました。私は職場に行けなくなって、翌日から有休で休んでいます。社長に電話すると「仕事のことはみんなチーフに任せてある。報告はちゃんと受けているし、問題はないと思っている」と言って逃げるのです。そして「自分は岡さんの仕事は評価しているから、デイサービス部門に移ってはどうか」と問題をそらそうとしました。私にとってはそういう問題ではないのです。その後、病院から「うつ症状にある適応障害」と診断されました。会社は労災の手続きはしないと言っています。有休はあと10日で切れますが、社長は「すぐに解雇は考えない」と言っています。

ユニオンは相談の結果、職員間のトラブルを社長がなんとかしないのは管理者の責任問題であること、有休終了後、傷病手当金を申請すべきことを確認した。問題は、チーフが流したメールや言動にパワハラがあったこと、うつになった原因が、岡さんがチーフに送ったメールの中から一部を切り取り、それを職員みんなに流してしまったことが実証できるかということだった。

団体交渉は10月末に行われた。会社側は社会保険労務士と社長の二人が出席した。社長は色白で見るからに世間の苦労を味わったことのない、人のよさそうな顔つきをしていた。60歳を超えていると思しき社労士は席に着くなり「われわれは法律のなかできっちりとやっています」と言い切った。

ユニオンは「社長は職員間のトラブルをメールで送るように職員に言ったそうですね。私たちはそのメールが、岡さんがうつになる原因だと認識しているがどうですか」と聞いた。

これに対する社長の回答は次のようだった。

「毎日職場で会えるのだから、メールでやれとは言っていない。文書にまとめてと言っている。岡さんとチーフはうまくいっていたから、なぜ二人の間に摩擦が起きたのかわからない。ただし私としてはメールを規制するものではない。岡さんも誰かにストレスを与えることもあるわけで、私は岡さんかチーフかどちらにつくかということはしたくない」

団交は押し問答のような形で2時間近く続いたが、パワハラの原因がメールだという実証を得るには至らず、散会となった。

その後、会社についていろいろなことがわかってきた。月1回2時間のミーティング（年間20時間）があるが、これを就業時間に入れていない。職員が要介護者と一緒に昼食を摂っている（食事介助をしながら、自分も食べる）。介護しながら自分も食べればその分職員の食事時間が短縮できるからである。それなのに職員の休憩時間を15分削って45分にしている、タイムカード打刻がルーズで時間外勤務がある、などなどである。

ユニオンは年明け早々、あっせん調査に持ち込んだ。あっせん調査は、県の労働委員会から派遣されたあっせん員が行う。労働委員会とは労働組合法に基づいて労使関係の公正な調整などを図るために置かれた機関だ。各都道府県にあるものを地方労働委員会（地労委）といい、中央（東京）にあるのは中央労働委員会（中労委）という。あっせんは労使が直接会うことなくグレーな事案について両者の言い分を柔軟に聞いてくれる。経費もかからない。あっせん員による聴き取りは丁寧なものだったが、会社側から真相や事実は確認できなかった。ちなみに、私が扱った案件であっせんによって解決できた例は一つもない。

次の段階は地方労働委員会（労働問題の裁判所に相当する）にあげることだ。労働委員会が開かれたのは、岡さんが初めて相談にやってきた9月から半年が経っていた。ここまで続いたのは、岡さんの「泣き寝入りはしたくない」という気持ちが変わらなかったからだ。労働委員会で裁判官に当たるのが公益委員（多くは弁護士）、労働組合から選ばれた労働者委員、使用者を代表する会社社長などの使用者委員の三者である。彼らが委員会をリードする。

労働委員は申立人、被申立人それぞれを別室に引き取らせ、本件をどのようにしたいか率直に聞き、両者の言い分をそれぞれに伝え、すり合わせを行っていった。
申立人（岡さん）と労働委員のやりとりは次のようだった。

岡：早く療養して、次の仕事を再開したいのです。そのために、受けたパワハラに対する保障と休職していた間の賃金保障として解決金を受け取りたいです。
労働委員：金額としてはどのくらいですか。
岡：80万円くらいです。
労働委員：それでいいのですか。
岡：はい。

被申立人（会社）に岡さんのこの言い分が伝えられた。労働委員と会社側との交渉は1時間以上かかり、ようやく被申立人からの返答があった。
労働委員：社長にあなたの気持ちを伝えたところ、社長としては論争はしない、パワハラの件は触れないでほしいということです。払える金額は50万円だと言います。いろいろと社長に話しました。しかしどうもかみ合わない。初めてのことらしく、どういう根拠でお金を払わなければいけないのか社長はわかっていない。自分の立場がわかっていないようです。

この返答に岡さんはきっぱりと言った。

岡：私の気持ちで一番大きいのは、この会社と縁を切りたいことです。問題の発端は社長が賃金はじめすべてに無知なことが原因だからです。職員の実態を知らないし、社長としての責任を自覚していません。私はこの仕事を続けたいと思っていたので文句を言わずにやってきました。会社からは取れるだけ取りたいけど、最低限の金額は欲しいです。社長に職員に目を向けてこなかったという気持ちが少しでもあれば、お金だけでチャラにするのは違うということがわかるはず。50万円では解決になりません。そんな金額ではこの6か月はなんだったのかと思う。許せないです。

岡さんのこの気持ちは再び会社側に伝えられた。ここでも1時間以上を要し、ようやく会社側の返答があった。

労働委員：会社側にあなたの思いを伝えたところ、会社都合の退職にしたいとの結論を得ました。私たちは社長さんに社員に対する責務があることなど、時間をかけて説得しました。その結果和解金を支払いたいという答えを得ました。

その後は、和解金額の擦り合わせになった。結果、事案は取り下げる、その代わり会社都合の退職とする、和解金は75万円で双方合意した。ここでようやくそれぞれが顔を合わせ、和解協定書が作成され、散会となった。みんなが席を立って引き上げているさなか、グレーのスーツにネクタイを締めた社長が厳粛で真剣な面持ちで岡さんにそっと近寄った。「僕はここまであなたが追い詰められていたなど、まったく知らずにいました。本当に悪かった、ごめんなさい」とささやくような声で言った。

社長は事の重大さと岡さんの悲痛な気持ちをようやく理解し、知らずにいた自分を率直に認め言葉にした。これが岡さんの胸に刺さっていたとげを溶かすことになった。金銭的にも精神的にもあとくされなく解決した珍しい事例だ。

ユニオンは最後の「お助け寺」

岡さんはトラブルでうつになり休職していることを家族に知られたくないと言っていた。最も身近な家族にさえ相談できない、それはつらいことだ。彼女はそのつらさに耐えつつ、見ず知らずのユニオンを頼ってきた。ユニオンの一員になって、案件を労働委員会にまであげて闘った。自分自身のことだったからこそ、自分を信じて闘ったといえるかもしれない。しかしそれだけではない。

いま、労働者が労働者同士で仲間が作れない、ユニオンを作ったり加入したりできない状況にあるのは彼女だけでない。三田さんも西谷さんもほぼ同じだ。タイトでキチキチで身動きを取るのがやっとな職場、そこで辛抱して仕事をしている。このことを知ったとき、私は彼ら彼女らに「ユニオンに入り続けてね」とか「職場で仲間を作ってユニオンを結成しなさいよ」というのは安易すぎると思った。ユニオンを作るにはかなり高いモチベーションが必要だ。しかし、多くの若者は仕事と自分の暮らしだけで精一杯だ。ユニオンを作ったり活動したりするエネルギーに回す余力がないからだ。岡さんが感情に流されずに介護マシーンになっていればうつにはならなかったかもしれない。

三田さんが定期大会に来なかったことについても、「ユニオンに恩義を感じていないのではないか」と言いきれないものがある。彼の場合、高齢の父親の面倒を見るほうを優先したのかもしれない。

ユニオンの活動を通して気づいたことがある。私も含め多くの人は社会で特別な任務を負って働いているわけではなく、ただ生きていく中で自分が導かれた領域で、しかもある種閉ざされた空間で平穏に仕事をしている、そういう場合が多い。その平穏な空気が破られたとき人は、それを破った人に対して何かしらモノ申さなければ、この先もっと大変になる。そう思って腹を決め、見ず知らずのユニオンにやってくるのだろう。

ユニオンのスローガンは「団結、がんばろう！」だ。左手を腰に当て、右手のこぶしを天に向かって突き上げながら「がんばろう！」を三唱し、団結を確認する。

果たしていま、このパフォーマンスは、労働で躓いている人、ことに若者世代の力になり、癒しになり、勇気をもたらすだろうか？　労働相談を通して私は、コミュニティユニオンには「最後の駆け込み寺」としての役割はあると思った。しかし、果たしてどの程度、ユニオンはその機能を果たしているのだろうか？　ユニオンに代わる有効なやり方はあるのだろうか？　疑問が次々に湧いてくるようになった。

これらを考えるには「ユニオンの森」のもう少し奥に分け入ってみなければならない。

第2章　直美の美容サロン

長時間労働は仕事ができないから？

これから述べる案件について、私はあまりに酷いと憤りを覚えた。しかし、「これくらい、よくある話だよ」という人もいる。読者諸氏はどう思われるだろうか。これは三島ふれあいユニオンが受けた案件ではなく、ユニオンのネットワークの中で知り合った女性から応援依頼され、私だけがかかわった案件である。一連の話から事の成り行きを知るに及んで、労働の過酷さに仰天した。

本件の相談に訪れたのは被害に遭った女性の父親、沢村陽一さん（仮名）だった。50代後半と思しき彼は長身でがっしりとした体格、チャコールグレイのジャケットに黒っぽいズボンをきちんと着こなした礼儀正しい、誠実そうな人であった。相談に応じたのはHユニオン書記長のTさんと執行委員のFさん、そして私だった。沢村さんの話は次の通りである。

相談したいのは私の娘の件です。名前は直美（仮名）、29歳になります。4年制大学を卒業しましたが、卒業間際に美容師になりたいと言いだしました。私と妻は驚きましたが、直美の思い通りにさせたいと考え、美容学校に行かせることにしました。24歳になった年の4月にA美容サロンに正社員として就職しました。このサロンはヘアケアやカットだけでなく、

ネイルや着付け、ブライダルの仕事など総合的に美容を提供する店で、首都圏内にいくつか店舗があります

私と妻はM市に住んでいます。娘は美容学校には自宅から通いましたが、本人の強い希望で就職は横浜に決め、A美容サロンから少し離れたところにアパートを借りました。職場にも慣れたころ、どんな暮らしをしているだろうかと、5月の連休のさなか直美の住むアパートに妻が出かけていきました。

夕食の支度をしながら直美の帰りを待ったのですが、6時を過ぎ、8時を過ぎ、10時を回っても娘は帰ってきませんでした。待ちくたびれた妻はそのまま寝てしまいました。翌朝、妻が起きてみると、直美はベッドに寝ていました。

娘が起きてきたのは昼近くでした。その時の娘の姿を見て妻は「飛び上がらんばかりに驚いた」と言っていました。顔だけでなく身体じゅうがすっかりむくみ、というより腫れ上がり、うつろな目つきで、まるで這うように起きてきたのです。

妻は「いったいどうしたの？　何があったの？」と駆け寄り、激しく問い詰めました。娘は乱れた髪のまま倒れこむように妻の前に座り、叫ぶように言ったのです。

「お母さん、私が悪いの。私が仕事をちゃんとやれていないから、だから毎日帰りが遅くなるの。だから私が……私が悪いの」

直美は大声で泣き、次第にすすり泣きになりました。娘の背中をさすりながら、妻はかける言葉が見つからなかったと言います。直美はかなりの時間泣いていましたが、ようやく落ち着きを取り戻し、ぽつりぽつりと話しはじめたそうです。

「昨日はブライダルがあるから、朝6時に出勤してその準備をするようにオーナーから言われて、サロンの鍵を渡されていたの。ブライダルの仕事が終わった後、いつものように働いて、夜8時に店を閉めてからミーティングをして、掃除をして帰ってきた。それが11時過ぎだった」

妻はそこまで聞いただけで驚き、指を折って数えながら「それじゃあ、通勤時間も入れたら17時間以上労働をしたってことになるわよ。いつもはもっと早く帰っているんでしょ」と聞いたのです。直美はこう答えました。

「いつもは、朝8時にはサロンに着くの。夜8時に仕事が終わって、そこからミーティング。それが終わるまでいなければならないけど、もう疲れて話も頭に入らない。同じ美容学校の友だちに聞いたら、美容室に勤めていればそのくらいは普通だって。でも私、いまの職場に身体がついていかない。みんな当たり前のようにこなしているけど……」

これが「当たり前」の働き方か？

沢村氏は話を続けた。

直美にとって美容サロンは人生初めての職場です。私も妻もずっと働いていますが、こんな長時間労働はしたことがありません。そこで妻は直美に言ったそうです。

「人間とは何事にも慣れる生き物だっていうけど、そんな職場に慣れてしまうのはおかしい。こんな働き方していたら身体を壊すよ。もう壊しかかっているじゃないの。美容室なんか星の数ほどあるんだから、そんなところすぐにでもやめたほうがいい」

ところが直美は「このくらいの労働に慣れるのは当たり前」と言い張り、サロンのオーナーを決して悪く言いませんでした。その一方でサロンでの仕事について話しはじめました。

「サロンにはそもそも昼休みがない。お客さんが引いた時を見計らってみんなの私物が置いてある、本当に狭い、休憩室というより物置みたいなところでおにぎりやサンドイッチを口に詰め込むの。オーナーは私たち従業員の時間すべては自分のものと考えているみたいで、ちょっとでも暇な時間ができると店の前のどぶさらいをしなさいとか、部屋を隅々まで磨きなさいと言ってくる。オーナーのお嫁さん（息子の妻）もそこで働いているんだけど、お嫁さんに赤ちゃんが生まれて、赤ちゃんの世話を言いつけられたこともある。私、赤ちゃんなんて抱いたこともないし、どうやって抱っこしたらいいのかわからなくて。これは美容師の仕事じゃないと思った。それから、あまり意味のないミーティングが延々と続いて……」

直美はそう言いながらも、「スタッフはみんな耐えている。だから自分がダメなだけで美容サロンはおかしくない」と言い張るのです。

「やりたくて選んだ仕事だから、ちょっとくらいのことでやめるのはどうかと思うけど、別のサロンに移ったらどうなの？」

直美は妻の言葉に疲れた顔を上げ、激しく首を振りました。

「まだ2か月も働いていないのにそんなことできない。もう少し頑張ってみるから、やめろなんて言わないで」

妻は直美の言うことを受け入れ、食事を作ったり買い物をしたりしてひとまず帰ってきました。それから、私たち夫婦は週のうち必ず一度は直美のアパートに行き、一緒に食事をして仕事の様子を聞くことにしました。心配だったのです。3か月ほどたった時、直美はA美容サロンをやめました。「限界だ」と自分で悟ったのです。そして別の美容サロンでアルバイトとして働きはじめました。およそ1半年いましたが、そこもやめました。

やめた後も横浜のアパートにいましたから、自分の生活費を稼ぐためにファミレスのウエイトレスや大学の図書館司書、クイック・バーバーなどいくつもアルバイトをしてぎりぎりの暮らしをしていました。

　それからもいくつもバイトをしていたようですが、ある居酒屋で働いていた時、突然無断欠勤し、失踪してしまいました。美容学校時代の友人宅にいたのです。私は実家に連れ戻しました。その後から直美は実家に引きこもり、昼夜逆転の生活をするようになりました。心配で病院をあちこち連れて歩きました。総合病院の精神科でうつ病と診断されました。うつになった原因は初めて勤めたA美容サロンの過酷な労働と、そこでのひどいパワハラ、セクハラにあるとの診断結果が出ました。

パワハラ、長時間労働がもたらすもの

　そこまで言うと沢村氏は傍らに置いてあったバックの中からA４判１枚の紙を取り出してテーブルに置いた。

「これは妻が娘の勤務時間を聞き出して、丹念に日記につけていたものです。A美容サロンで働いていた最後のひと月の記録です。いまから5年近く前になりますが、８月の終わりか

ら9月の終わりまでのものです。労働時間だけの記録ですが、ひと月に305時間も働いています」

その用紙には日付と労働した時間帯が「10月3日、8：15～21：00」というように日にちを追って印字されていた。この月は25日間勤務している。単純計算で1日12・2時間、残業は合計100時間を上回る。

書記長のTさんは用紙を手に取ってじっくり睨みながら、「これは労基法違反ですね」と断言し、畳みかけるように沢村さんに聞いた。

「この会社にはそもそも就業規則があるのでしょうか？　時間外労働をさせるには36協定を労使の間で結ばなければなりません。それができているのでしょうか？　さらに、60時間を超えた時間外労働については、1・5倍の割増の賃金を支払わなければなりません。それらはなされていたのでしょうか？」

沢村氏は真剣なまなざしでこれに答えた。

問題はそのことなんです。本当は違法労働を訴える必要があったのですが、それよりも直美の精神が病んでいたことのほうが優先だったのです。常軌を逸した行動を抑えなければ命にかかわるのではないかと思いましたし、実際彼女から目が離せなくなりました。

直美は一時期、美容学校時代の男性と付き合っていたのですが、彼は「そのくらいのサービス残業はどの職場だって当たり前だ。その厳しさに耐えなければこれから先やっていけないよ」と言ったそうです。直美はその言葉に、自分の気持ちを理解してくれないと苦しみました。そのあげく彼の面前で川に飛び込んで自殺を図ったのです。幸い助かりましたが、その後も家で荒れ、暴れて物を壊す、睡眠薬と鎮静剤を大量に飲んで自殺を図る、「死にたい」と口走ることが多くなりました。それで、精神科が充実している総合病院に入院させました。その後も「死にたい」と言って3日間絶食するなどの行動が続きました。

なんとかしたいと思い、知り合いのソーシャルワーカーのつてで心療内科や精神科クリニックに連れて行ったり、カウンセリングを受けたりしました。そのうち直美はカウンセリングは受けたくないと言い出しました。そして再び失踪してしまったのです。探し出して連れ戻しましたが、その後すぐに私たちの家近くのマンションの9階のベランダから飛び降りようとして、管理人さんに止められました。その4日後には走っている車から飛び降りようとしたり、手首を包丁で切ったりすることもありました。

こうした直美の行動を、私たち夫婦は彼女の性格や生き方の問題と捉え、自分の生きる方向の道筋を考えるなかでなんとか解決してほしい、と願っていました。ところが、私の親しい友人でユニオンの活動をしている人から「直美さんの言動を彼女の性格のせいにするのは違うんじゃないかな。最初に勤めた職場での酷い労働がトラウマになって現れていると考えるのが当たっているんじゃないか」と指摘されました。その意見に心を動かされ、これは直美自身のせいではなく、労働問題なのだと気持ちを切り替えました。

そこで私は横浜にあるユニオンに電話しました。横浜のユニオンに聞いたのは直美の職場に近いほうがいいと思ったからです。そのユニオンに行って、勤務時間の用紙を見せると、「なにぶん時間が経ちすぎている、未払い賃金が要求できる遡及年限は2年です」と言われました。これはあとでわかったことですが、A美容サロンではタイムカードの管理がずさんで、早い出勤の人も遅い出勤の人も一緒に押されていたりしていました。だから実際はもっと長時間労働だったかもしれないのです。


沢村氏の話に、私たちは押し黙ってしまった。

「それで今、直美さんはどんな状態ですか?」と、しばらくして私は聞いた。

「昨年、本人の希望もあって、ある精神科クリニックを受診し、やはりうつと診断されました。抗うつ剤のほか、抗不安剤、睡眠導入剤などを処方されました。いまも月1回通院しています。『死にたい』という言葉は少なくなりました。でも1日のうちで眠っている時間のほうが起きている時間よりも長い日があり、不安感やいら立ちが見られます。妻と相談して精神福祉年金手帳２級を取る手続きをしました。いまはその関係で作業所にアルバイトに行っています。でも朝起きるのがつらいというので、私が毎日作業所まで車で送り迎えしています」

３分ほどの沈黙の後、Ｔさんがようやく口を開いた。

「それで、沢村さんは今後どのような解決方法を望んでおられますか？」

「解決方法というのは？」

「直美さんの場合、退職してすでに5年が経過しています。ですが、何年たっても彼女の心の傷が癒えなければ解決にはならないと私は思います。通常、解決方法は二つあります。一つは金銭解決です。これは未払い賃金や不当労働行為、あるいは慰謝料を金銭に換算します。お金を支払って謝罪とするものです。しかし遡及期間が過ぎているうえ、金銭のみでの解決の場合、お金さえ払えばいいという経営者の意識が問題になると思います。もう一つはＡ美容サロンの経営者に謝罪してもらうことです」

沢村氏はしばらく考え、直美と妻に相談した上で答えますと言ってひとまず帰っていった。

解決手段は「お金」か「謝罪」か？

私たちはこの事案をどのように解決していくのがいいか話し合い、ユニオンのネットワークにもメールを流した。するとあるユニオンから労災職業病を専門に扱う機関があり、そこに常駐し、労働組合にも精通した人がいることを知らせてきた。その人は中西信一さん（仮名）といった。Tさんと私は沢村氏に連絡し、神奈川県まで中西さんを訪ねて行くことにした。中西さんは労災職業病について多くの実績を持っていた。それにもかかわらずとても謙虚で、直美さんの案件を真剣に考えてくれた。中西さんと沢村さんはその後半年くらい、直美さんの状況報告をするなどやり取りを行った。その結果、中西さんから女性労働を尊重する団体とＮＰＯの三か所を紹介してもらった。

一つは女性の悩み相談とカウンセリングを行う団体、二つ目は女性の人権確立を目指す人権センター、三つめは女性の労働における人権問題を専門とするユニオンだ。後者の二つは実効性の高い団体であることがわかった。沢村さんはこれら三団体と交渉を重ね、直美さんの意向を反映した「申し入れ書」を提出することになった。

「申し入れ書」の作成にあたって、最も重要なことは直美さんの意向の反映だ。彼女の意向ははっきりしていた。「お金ではない、ちゃんと謝ってほしい」というものだ。さらにＡ美容サロンで被害に遭ったのは直美さんだけでなく、彼女よりももっとひどい目に遭っている人がいることがわかった。何人かいるなかでＮさん（当時23歳）という男性がいた。彼はＡ

美容サロンに4か月勤務し、すでにやめていたが、直美さんは連絡先を知っていた。直美さんはNさんに連絡し、彼が勤務した4か月間に受けた被害について「意見書」を書いてもらうよう依頼した。Nさんは承諾してくれ、彼から「同僚の証言」という文書が届いた。

直美さんに送られてきたNさんの「意見書」の趣旨は以下のようだった。

「A美容サロンの勤務は、サービス残業やオーバーワークは当たり前、タイムカードの管理がずさんなどで精神的に参っていました。ある日出勤途中、バイクをガードレールにぶつけ、足を強く打ち付け、数針縫う怪我をしました。いまでも大きな傷跡が残っています。その時はかなりの痛みがあったけれど、人手不足を理由に休むことなく働かされました。私はアルバイトの身分だったので社会保険も適用されなかったし、国民健康保険にも加入していませんでした。副店長からは何の落ち度もないのに時々倉庫の中に呼び出され、胸ぐらをつかまれ、暴力を振るわれたことがあります。その時口の中を切ったり、あざができたりしました。副店長から『暴力をふるうのはお前を泣かしてやりたいからだよ』などと言われました。暴力行為はお客さんの目に触れない場所で日常的に行われ、上司、先輩からも日常的にハラスメントを受けました。ほとんどの人は見て見ぬふりをしていました。副店長に買い出しのお金として1万円貸したのに、返ってこなかったこともありました」

Nさんは、自分が店をやめた後その標的が直美さんに向かい、同じような暴力を振るわれたと聞いて、心が痛み、「意見書」を書く決心をしたという。元同僚から同じような被害に関する「意見書」が出たことで事態は大きく動いていった。この「意見書」を添え、直美さんの労働被害に関する「申し入れ書」が三団体代表の連名で作成された。「申し入れ書」を作るにあたって、三団体と沢村さんとのあいだで話し合いがもたれ、次のことが確認された。

1・これは人権擁護団体共同の申し入れである
2・A美容サロンが労働法をきちんと守っていないことを問題にするものであって、労働争議にはしない
3・裁判など労働争議で解決するものでなく、人権が守られていないことを告発し、改善を求めるものである
4・会社から謝罪の言葉を引き出すことができれば、交渉は成功したと考える。

上記の点を踏まえ、「申し入れ書」には三団体がどのような団体かを紹介したうえで、直

美さんが受けたハラスメントと労基法違反の長時間労働をさせられたことが丁寧に記され、そのうえで以下の提言がなされた。

「沢村直美氏はA美容サロンでの長時間労働とハラスメントを受けたことが原因で、たびたびフラッシュバックにさいなまれ、精神的に不安定な状態に陥り、働こうという意欲がわかないまま2年以上家に引きこもる状態が続いている。およそ5年前のこととはいえ、若い沢村氏の人生に大きな影を落としている。この件における貴社の責任は重大である。貴社の人事管理の説明を伺いたく話し合いを申し入れる」

直美さんと沢村氏及び女性団体三者とA美容サロンの代表取締役K氏との話し合いは「申し入れ書」の提出から2か月半後に行われた。K氏は手書きの謝罪文を示しながら謝罪した。ともかくも先方の「謝罪」をもって一件落着とし、直美さんも沢村さんもこれを受け入れる形になった。

沢村さんはK氏の「謝罪文」のコピーを私たちに見せてくれた。その文面を読み、私は驚きと怒りが込み上げた。そこには「当社の代表であるにもかかわらず、現場でそのようなことが起こっていた事実を全く知らず、なにもできなかったこと、本当に申し訳ありません」

と臆面もなく記していたからである。経営者とは労働者一人一人の仕事ぶりはもちろん、人権を守ること、仕事が命にかかわることのないように管理、監督することを第一の責務とする存在ではないだろうか？　経営者は働く人の大切な時間とエネルギーを提供させ、それと引き換えに賃金を払っているからだ。そうだとしたら、この文面は「謝罪」とは言えないのではないだろうか。単なる「反省文」あるいは「責任逃れ」に過ぎない。そう思ったのである。

この案件でのたった一つの救いは、両親の熱心なサポートによって直美さんがユニオンにまで行き着き、ともかくも相手方の謝罪を引き出したことだ。

お金でもなく、謝罪でもなく

A美容サロン社長は「話し合い」の席で、涙を流して謝罪し、謝罪文を提出し、再発防止のためハラスメント相談窓口を作り、長時間労働を短縮させるなど善後策を約束したという。関係者は社長の謝罪をもってひとまず直美さんは落ち着いたと安堵した。しかし、実際はそうではなかった。

「話し合い」が行われしばらく経ったころ、私はその後の様子が気になり、沢村さんに電話した。沢村さんの答えは意表を突くものだった。

その後、直美さんはボランティアをはじめたり、スーパーでアルバイトをしたり、建設会社の事務のアルバイトをするなど「ふつう」の生活に戻る努力をした。ところがうつはよくならず、少し時間を延ばして仕事をすると疲れ、食欲がなくなり、眠っている間も悪夢にうなされる、叱責されている人を見るといら立ちや不安感に襲われるなどの症状が続いている。精神科クリニックで抗うつ剤などを処方されたが、向精神薬を一度に20錠飲むなどの行動もあった。仕事をする時間を増やすと疲れやすくなり、職場まで父親の送り迎えが続いている、と言うのだった。

一連の直美さんの件を読んで、皆さんはどのような感想を持たれただろうか？

私が知る限りでは、現在のコミュニティユニオンは「民主主義」に基づいて誠実に活動する人ばかりだ。しかし、解決方法はおよそ二つに絞られる。一つは団交や話し合いによって解決金を取ること。もう一つは謝罪や和解金が出ない場合、裁判に持って行き「闘う」ことだ。この場合、裁判に勝ち、職場復帰なり、解決金を手にすることで「勝った」と判断する。しかし、直美さんの場合、謝罪はしてもらったものの、元の生活に戻れていない。つまり従来の解決方法では解決にならなくなっている、そういう事態が起きているのだ。今日、働く若者の状況は、会社の言いなりであり、そのあげく病を得ることもある、そこまで酷い状況になっている。

直美さんは「お金ではなく、謝罪してほしい」と言った。しかし、実際には彼女に必要なのはお金でないのはもちろん、謝罪でもない。私はそう思った。謝罪されたとしても、職場に彼女の味方をする人が存在し、労働環境が改善されなければ癒されない。直美さんは癒されないどころか元の暮らしに戻れない精神状態になってしまった。もしかすると若者の労働者の多くが、直美さんが経験したように、また高橋まつりさんが選択したような道を選ぶところまで来ているのかもしれない。

ところで、未払い賃金などを要求できる遡及期限は2年（2021年からは3年）と定められている。2年（3年）を超えたなら、会社は未払い賃金を払わなくてもよい。さらに、精神的苦痛やそれに伴う疾病が起きたり、それが持続したりした場合でも、これに対抗する方法をユニオンは持っていない。精神的に傷つき、人権を冒とくされたとき、その原因が明らかに労働の酷さによるものと断定できたとしても（直美さんは因果関係が認められている）、経営者はそれら損害をあがなう必要もなく、傷ついた心をケアする必要性も負わなくてよい。そう考えていくと、過酷な労働環境は、従順な労働者と「業務命令権」を持つ経営者によって作られる暴力システムといえる。ユニオンに必要なのは、そこまで追い詰められることのない、命令服従型でない労働環境をまずは作ることだ。さらに、法改正の道を模索し、実行することではないだろうか。

敗戦後、憲法に先立って成立した法律が労働組合法である。この法律の一番大切な点は労働者と使用者は、労働力を提供する者とそれに見合った賃金を提供する者という関係において平等という点だ。この法律の底にある精神は、使用者は労働者の尊厳を損なってはならない、人間の尊厳は賃金よりも上にある、ということだ。しかし労組法ができて75年たったいま、労使の「平等、対等」な関係は崩れ、人間の尊厳よりもお金のほうが上になっている。さらにひどいケースになると、「労働者のなかでも女性と外国人は人間として扱わなくても許される」、そんな意識を持っている雇用者もいる。これらが過酷な労働を強いる社会システムを作る原因になっている。

聞くところによるとユニオンをここまで徹底的に排除し、労働者をこれほどひどく扱う国は日本のほか先進国では見当たらないという。直美さんの件を参考に、いま一度労組法を生かす方法、そして努力規定にとどまり実効性に乏しい男女雇用機会均等法の改正が切実に求められている。

過酷な労働環境を黙認しているこの国では、大学３年生になると「就職活動」がはじまる。

「就活」は大学生が支払う授業料や受けるべき学業とどう関係するのだろうか、というごく素朴な疑問を私は持っている。しかし、当の学生からはこのような疑問はあまり聞いたことがない。当然のようにリクルートスーツ姿になり、大学も会社も親もこれを奨励する。だが就職活動は学業を終えてから、つまり卒業後にはじめる、本来それが順序というものではないだろうか。ほとんどの大学生は、就活で自分をなるべく高く売りに出すためにアピールする、それこそが必要で大事なことだと思っている。うまくアピールすれば会社は自分に高い値をつけてくれる。自分という商品に様々な資格や学歴をつけるのは当たり前だと考える。それでいいのだろうか。学業を本分とする大学生がこれを当然視することは、やがては社会にとって大きな損失になると思われる。

「就活」が当然視されるのは、学業よりも自分に高値を付けることを上位に置く社会通念と社会システムによるものだ。このシステムを考え直さなければ、「就活」の結果「よい会社」と言われるところに就職できたとしても、労働者はどこまでも経営者に服従しなければならない。その結果、労働災害や精神破壊が起きても、自己責任として放置される。この傾向は増幅され、システムは補強され、労働災害は増えていく。労働災害による精神破壊は深刻で、これが進んでいけばこの国の労働者はどうなるのだろうか？

直美さんの案件はこれに対する答えを示している。

いま、ユニオンに求められているもの

直美さんの案件にかかわる中で、私がかかわっているユニオンに欠けているものがあることに気づいた。

直美さんと似たような労働環境の中で働いていた（いる）人は少なからずいるだろう。その労働の酷さが原因でやめていく人も多いだろう。その多くは「考えたくもないほどひどい職場だった」と思いつつも、そこでどのような被害を受けたかを誰にも言うことなくやめていくのだと思う。そして一刻も早く次の仕事を探すことが大事だと考える。でもそれは「労働の酷さなどなかった」として「スルー」してしまうことである。

働かなければ食べていけないから、もっともな話だ。しかし、黙っていたらそのひどい労働環境は放置されたまま闇から闇に葬られ、ひどい労働現場は温存される。

直美さんがラッキーだったのは、彼女が自分の苦境を両親に話し、両親はいろんな人に話し、彼女だけの問題にしなかった点だ。何人もの人がこの問題にかかわるなかで、直美さんも両親も長時間労働やパワハラはどこの職場にも起こりうることだと考えたのだ。

コミュニティユニオンはその存在をもっとアピールし、相談者が気軽に相談できるようにするべきだと思う。直美さんの件は最低限の成果に過ぎない。これを個人的な問題として放置すれば、直美さんの精神的ダメージは心理療法やカウンセリングで治せばいいとされ、自己責任論へとすり替えられていく。そうならないためにも、私たちユニオンは案件の中にある普遍的な問題性を見極めることが重要だ。さらに、ユニオンにかかわる人を増やしていくことも必要だ。

直美さんは金銭解決を望まず「謝罪」を求めた。しかし、「謝罪」されても彼女の精神的ダメージはいやされなかった。直美さんのような働かせられ方はこの国では「当たり前」とされ、耐えられない人がダメなのだという意識が強い。だから同僚同士で問題を共有することができない。自社の労働実態を知らなかった社長が「謝罪」しても、病んだ気持ちは癒されないのは当然だ。直美さんが望んだのは、仕事で人間の尊厳を傷つけられ、誇りと美容師としての矜持を損なわされたことをわかってほしい、職場を是正してほしいという切実な願いではないだろうか。

その一方で直美さんはカウンセリングや精神科、心療内科など様々な治療を試みた。しかし、カウンセリングにはもう行きたくない、とまで言った。

なぜだろうか?

思うに、直美さんが心を病んだ原因―精神を破壊されたこと―は命令に絶対服従する労働規範に起因する。つまり「労働」そのものが原因なのだ。劣悪な労働規範によって彼女の人間的尊厳が冒された。このことに気づき、彼女の気持ちの奥にある傷にまで手が届き、それを認識し、共有できなければその傷は回復しない。しかし、いまのユニオンではカウンセリングはできても、労働規範で壊された気持ちに近づくことは困難である。彼女が心の底に何を抱えているのか想像できないのなら、その傷を回復させることはできない。いま、労働が人間の尊厳破壊にかかわり、生命にかかわる深刻なところにまで来ている。おそらく、従来ユニオンがとってきた解決方法だけでは真の解決をみることはできないだろう。

さらにもう一つ気づいたことがある。それは経営者が労働者に暴言を吐いても許される、それが社会通念と一体となって労働社会を覆っている実態である。社員が同僚に対してイジメをしているのに、それを許容する暴力的システムが作られている。

私は以前ある労働運動の活動家から次のような話を聞いた。彼は、70～80年代に会社内労働組合つぶしが盛んに行われていたころ目撃したことだ、と前置きして話してくれた。

会社内で「闘う」労働組合がどんどん御用組合になっていく中、会社への抵抗を続ける社員（労働組合員）を暴力的な方法で一人一人つぶすようになった。その活動家が目撃したというのは、会社の食堂だった。食堂では抵抗を続ける組合員が昼食を食べていた。そこへ御用組合員に転向したある社員がやってきた。その社員もかつては「闘う」組合員だったのだが、「お前らがまだ抵抗するから俺がこんなことをしなくちゃならないんだ。本当はこんなこと、したくないんだ！」と言って泣きながらほうきで殴ったというのだ。この光景は、かつてのこの国の軍隊のやり方と瓜二つではないだろうか。御用組合員になった社員は自らすんで経営者の言うままになる、つまり精神まで変容させてしまうのだ。

これがいったい先進国といえるのだろうか。ユニオンは精神まで腐敗させる暴力システムにあまりにも無力で無関心ではないだろうか。このシステムに気づき、これを深く知り、どうしたら暴力システムを是正できるか、それを議論することが求められている。次章でこの問題を深め、考えていきたい。

第3章　人生の階段

若者が持つユニオンのイメージ

直美さんのケースは、両親がいたから救われた側面が大きい。労働者が一人で会社と闘うのはむずかしい、というより不可能に近い。労働環境が酷くても、会社内にはそのことを相談できる労働組合も頼れる人もいない。その結果たどり着くのが、コミュニティユニオンだ。そうするとやっぱりユニオンは必要ではないか。しかしそのユニオンも若者の現状をきちんと押さえているわけではなく、必ずしも役に立っていない。だとしたら、新しいユニオンのあり方を考え、労働者の意識を変えていく必要がある。だが、そうするには社会システムを変えていかなければならない。そのためにはどうしたらいいだろうか？　いま若者は自分の働き方をどのように考え、そしてユニオンをどのように見ているのだろうか。

そんな疑問を抱えながら、私は富田紀夫さん（29歳、仮名）に会うため茅ケ崎に向かった。彼とはある会で顔見知りになったのだが、ユニオンという存在を知らずに育ち、ユニオンのない会社が当たり前のなかで働きはじめた彼のような若者がどのように考えているのか、話を聞いてみたいと思ったのだ。

茅ヶ崎に向かう車中、以前、未払い賃金の件で労働相談に訪れたある女性会社員（39歳）が「いまの仕事が本当に嫌になる」とぼそっと言ったグチがよみがえってきた。

彼女は経理を担当していたから、社員の出張費を清算する。ある時、ベトナムに２週間出張した上司が提出した出張明細を点検した。その中に「コンドーム２箱」と明記されたレシートがあったのだ。出張で払った必要経費としてそれが記されていたのである。

「これが出張に必要な経費といえるの？　と、とても驚きました。こんなものを堂々と提出してくる上司に怒りと嫌悪感を覚えました。私がどんな気持ちでレシートを処理したか。それが仕事だと自分に言い聞かせなければ到底できませんでした。だけど会社にはそんな気持ちをわかってくれる人がいない。思いを共有できる人がいない、それがつらいのです」

　彼女はさらにこうも言った。

「わかってもらうには社員がヨコにつながらなければできません。だけどつながれない。一人で会社と闘うのはむずかしいです」

　彼女は、ユニオンのあり方と労働者の意識を変えていく必要があるのではないか、その上で社会システムを変えていければと言いたかったのかもしれない。一方で、彼女はユニオンに対して疑いと期待というアンビバレントな思いを持っている。ユニオンを拒否しながらも心のどこかで、ヨコにつながるためには会社にユニオン的なものは必要だと考えているのではないだろうか。

　ユニオンは資本主義社会の私企業で働く者にとって必須アイテムだ。かつてこの国にはユニオンが華々しく活躍した時代があった。だがいま、若者はその歴史をほとんど知らない。そしてユニオンを作るノウハウを持たないし、作ろうとしない。

なぜそうなってしまったのだろう?

労働というものには、個人が担うことのできる時間や分量において許容量がある。その一線を越えてしまったからではないだろうか。一線を越えた労働とは人間が誇りを持ってできる仕事ではなくなった、ということではないだろうか。それが元に戻れないところにまで来てしまったのかもしれない。あるいは労働そのものがユニオンや労働運動ではどうにもならない領域にきてしまったからなのだろうか。だから、若者は無力になったユニオンに頼るのをやめて、会社には逆らわないのが利口、そう考えるようになったのではないだろうか。そうだとしたら、若者がユニオンに振り向かないのは当然だ。この思いはまるで取りつかれた妄想のようにやってきた。同じ疑問が、同じところをぐるぐるとまわり続けるのだ。

ようやく茅ヶ崎に着いた。改札口を出ると、白いTシャツにジーンズを着て、茶色いバックを肩にかけた富田さんがいた。

彼に近寄りあいさつし、茅ケ崎に初めて来たことを告げた。富田さんは下を向きながら「ここは、単なる田舎くさい漁村ですよ」と苦笑いし、そっけなく言った。しかし、彼のこの対応に私はなぜかあまり腹が立たなかった。富田さんと初対面の時、彼の第一印象がどこか世間と離れている感じがした。投げやりな表情と誠実な目つきが共存し、絶望を孕んでいるのに真摯に物事を考えていると感じた。ものごとを悟りきったようなところと、自分は何もわかっていないと自覚する謙虚さが混在している、そんな印象を持った。「田舎くさい漁村」と言いながら苦笑いしたその口元には、照れ隠しと卑下があった。

私たちは空席が多いファミリーレストランの奥まったところに席を取った。

空気を遮断して生きる

テーブルにつくと、富田さんはうつむき加減にコーヒーをすすりながら話しはじめた。

「自分の職歴は、話すほどのものではないんですが、普通高校を卒業した後、自動車の専門学校に3年通い、二級の整備士免許を取りました。それでS社のディーラーに整備士として就職したんです。10人くらいの営業所です。でも半年でやめました。仕事を覚えられなかったのと職人肌の先輩とそりが合わなかったためです」

彼は離職した理由を職人肌の先輩とそりが合わなかったためだという。私は以前、労働組合に詳しい人から「日本のユニオンの強さは職人の濃厚な人間関係にある。それによって職場の多くは支えられてきた。たとえばかつての国鉄で保線の人たちは、線路の狂いを1ミリの単位で目視できたのだ」と、聞いたことがある。

思うに、このような職場があったのはすでに過去のことで（もちろん今でもあると思うが）、富田さんの職場をはじめ、若者が働く現場でも職人気質そのものはあまり変わらないのかもしれない。仕事を教える場合「俺の背中を見て真似しろ」という姿勢だったり、ミスをするとただ怒るだけなのかもしれない。しかし、いまの若者は「俺の背中を見ろ」とはどのようなことかわかっていない。そうではなくて、学校で資格を取ったように「マニュアルを見せてちゃんと言葉にして言ってほしい」「文字や数字で示し、わかるように表してほしい」と言うようになったからだ。

「自分にとって最初の職場でしたからね、他に比較がないです。でも、職人気質がダメでした。怖い、びっくりするって感じで。説明してくれないのです。ただ真似をしろというだけで言葉がないんです。職人気質がダメくらいのことでやめるのは弱すぎる、カネを稼ぐのは厳しいもの、との批判があるかもしれません。でも、誰にとっても初めての職場は経験がないですよね。その分、職場にひどいパワハラがあったとしても（職人気質をパワハラというのではない）〝そのくらいのパワハラが当たり前〟と思うことだってあるんです」

富田さんは職人肌が合わなかったわけを「真似しろ、と言うだけで言葉がない」と言っている。職人肌の人にしてみれば「言葉なんかにするのではなく、俺のやり方を見ろ、そこから技術を盗め」ということだろう。しかし、富田さんは「言葉でちゃんと説明してよ。言葉が大事なんだ」と言いたいのだ。ここに世代間でわかり合うことの難しさがある。

「その後、３年くらいひきこもりました。そうこうするうちに母親に精神科に連れて行かれ、発達障害の診断を受けました。それで福祉作業所に行くようになりました。半年くらい通ったと思います。その後、障害者雇用枠でパソコンの組み立て工場のラインに入り、製品を配達したりする仕事をしました。ここは契約社員でしたが、３年でやめました。

その後、家を出てグループホームに入りました。20歳前くらいの男女がいるグループホームです。ここでは失業手当と貯金で暮らしましたが、必要以外は自室にひきこもっていました。２年くらいたつとお金がなくなったので、働かなければいけないと思い、Ａ型作業所（障害年金をもらいながら働くことができ、最低賃金がもらえる）と雇用契約を結び、仕事をはじめました。いまもこの作業所で週４、５日働いています。時給は９５６円。ポスティングとかベーカリーに行ったりとか、農作業なんかの仕事もあります。月にしたら10万円くらいの収入です。祖父が残した家があって、誰も住んでいないのでそこにいます。10万あればなんとか暮らしていけます。

自分はもともと閉じこもりがちな性格だったんですが、仕事で圧力をかけられて、友だちもいなかったので潰れたのだと思います。ひきこもっている間はゲームやネットをやっていました。そのうちひきこもっている人、問題や障害を抱えている人を観察するようになりました。面白いというか興味深いです。みんな何かしら圧力をかけられているんだなあと思うようになったんです。

そしてドストエフスキーを読むようになりました。ドストエフスキーの小説には僕の周りにいる人と類似した人が出てくるからです。読みはじめてまだ1年くらいなので初心者ですが、『地下室の手記』の主人公には感情移入して読んでいます。『地下室……』の主人公は右往左往しながら生きています。でも、現実社会だとそれができない。それで僕は空気や情報を遮断して生きています。眼の前のことだけで生きていると空気は感じないからです。自分の立ち位置を考えると社会のはずれで生きているって感じなので、大きな視点での見方がわからない。つまり実際を知らないってことですね」

私が富田さんと出会ったのはそのドストエフスキー読書会だった。初参加だった富田さんはたまたま私の隣に座った。休憩時間に彼と話をし、その時まじまじと彼の顔を見たその時、周囲と彼を隔てている何かが感じられた。〈この人はひきこもりではないか〉と直感した。

というのは、私は元ひきこもりの若者何人かと親しくしていたことがあったからだ。彼らと出会ったのはＮＰＯで作る若者サポートセンターである。当時「ザ・ひきこもり」といって10代初めから10年以上、家はおろか自分の部屋から出たことのない若者がいた。彼らをサポートするお姉さん、お兄さん代わりの人が、彼らをサポートセンターまで連れてきて、共同生活の中で仕事体験や様々なイベントを行っていた。私は「生活科」という名称で独自のカリキュラムを作り授業をする役目だった。その時、ひきこもりについてあれこれ考えたことがあったからである（拙書『なぜ若者は「自立」から降りるのか』同時代社　2012に詳述）。富田さんは「地下室の人間」に惹かれ、読書会にやってきたのである。

「ユニオンって趣味じゃないですか」

富田さんは労働への思いを次のように語った。

「自分がいま働いているところは生産性がないしノルマは低いレベルに抑えられています。労働じゃないから続いている面もあります。労働というのは、ノルマがあって高いレベルのものじゃないですか。いま自分が、仕事ができているのは簡単にノルマを果たすことができるからです。こんなふうに仕事について思うのは、〝仕事はつらいもの〟という観念が自分にあるからです。もし仕事は楽しいという人ならこうは思わないでしょう」

「仕事はつらいもの」という言葉が私に刺さった。富田さんがそう感じるのは、労働を自分の持つ「能力」、その「能力」に見合う金額に置き換える作業として捉えているからではないだろうか。労働を所得と関連させ、そこに収斂させて捉えるからではないだろうか。労働には報酬、所得との関係を越えた何かが存在する、そういう観念が多くの若者に薄らいでいるように思われた。もちろん過酷な労働のなかにあっても、その苛酷さに適応できる人はいる。だが今日、それに適応できない人を「人生の落伍者」とみなす風潮が強い。

ユニオンについて聞くと、彼は次のように言った。

「ユニオンと言われてもイメージが持てません。一度だけ会社にエプソンのユニオンの人たちが来て、何かイベントをやっていましたが、それ以外接したことがないのです。そもそも10年後に最初に勤めた会社があるかどうかわかりませんしね。その会社も賃金を一部の人は上げて、一部の人は下げるんです。全体として下がるのならユニオンの意味はあるけれど、下がった人だけユニオンに駆けこめばいいというのはよくわかりません。

思うんですけど、ユニオンって趣味じゃないですか。自分たちの仕事が終わった後、仕事の改善のために時間を費やすなんて考えられないですよ。ただ、自分の場合運動がうまくいっているとか、ユニオンによって雇用がうまくいったとかいう事例を知らないからこんなことが言えるのかもしれません。

それでも草の根運動や地域闘争の話を聞いたことがあって、その時はこういう世界があるんだと思いました。それまではストライキの意味を知らないで、単なるイベントとして捉えていました。やっぱり自分が不利益を被らないとわからないんです。

自分はいま、自立していません。自立っていうのは親への反抗だと思うんです。自立していないということは、親に反抗していないということです。一人暮らししているのは、親との会話に齟齬があるからなんです」

「ユニオンって趣味じゃないですか」富田さんのこの言葉に一瞬、戸惑った。だがとても新鮮に響いた。このような発想は思いもよらないものだった。若者と私のような年配者との間に溝があると感じた。熱心に労働運動をしている方なら反論し、怒るかもしれない。「ユニオンを趣味だなんて、そんなバカなことがあるものか」と。だが私は次のような経験があった。

つい1年ほど前、20代、30代の人たちと60代以上の人が集まって「なぜ若者は脱原発運動に参加しないのか」をテーマにディスカッションしたことがある。そこで30代半ばと思しき女性が次のように発言した。

「どうして若者が脱原発など市民運動にかかわらないのかというと、若者が市民運動を自分にとって関係のないもの、ダサいものとみているからです。もしこれらが私たちにとって

〝ステイタス〟とか〝ブランド〟だと思えるようなものだったら参加すると思います。若者は市民運動の本質が何かというより、それが自分の資質を高めてくれるとか自分にとって何かしらメリットになると思ったときそれに参加するからです」

〝ステイタス〟〝ブランド〟という単語は若者の気持ちを表現していると思った。だが、60代のほとんどの参加者から共感は得られず、議論は平行線をたどった。

「ユニオンは趣味だ、と若者が言っていた」と70代の活発にユニオン運動をしている友人に話したところ、次のような答えが返ってきた。

「趣味というのはいつだってやめられるものだ。だけど、ユニオンは嫌になったからやめられるものじゃないし、それですむものじゃない」

そうかもしれない。だが、果たしてユニオンは趣味ではないと言い切ってよいのだろうか。確かに水泳や読書はやめようと思えばいつでもやめられる。だが、長年慣れ親しんできた趣味であればあるほど、それは簡単にやめられるものではなく生活の一部として習慣化される。原発反対運動やフェミニズム運動、沖縄支援活動のような市民運動はどうだろう。これら運動を趣味のようにしながら活動している人を私は知っている。それを見ていると、これら市民運動と労働運動を趣味と捉えることは必ずしも間違っているとは思えない。労働運動もフェミニズム運動も自分のライフワーク、あるいは趣味の一つと軽くとらえ、あるいは自分の〝ステイタス〟と捉えることはできるだろう。そのようなアピールをすれば、ユニオンに関心を持つ若者は増えるのではないだろうか。「ユニオンは趣味」のような感覚を若者と年配者が共有できるなら、労働運動は世代を超えてつながっていけるかもしれない。

私がそのように考えていることを伝えると、富田さんはさらにこう続けた。

「障害者支援という言葉がありますよね。自分もそう、精神障害者です。人の支援があればなんとか一人で立っていけます。まあ、半自立ということです。自分は人生の階段を踏み外して生きていますから、自立は難しいです。それで、虚無に囚われないためにどのようにしたらよいかを考えてしまいます。その一方で先の見えない面白さというのもわかるようになりました。

ああ、自分はいま〝人生の階段を踏み外す〟という言葉を使いましたよね。こういう言葉はほとんどネットからきています。自分で考えた言葉じゃなくて、ネットに書かれていることに賛同してあたかも自分で考えたことのように言っているに過ぎないんです。

それからいま、あなたは僕のことを〝不安〟なところにいると言われましたね。〝不安〟というのはまだレベルの高い状態にいるから使うんです。僕のように余裕がないと〝不安〟ではなく〝絶望〟なんです。自分の眼の前、周辺だけが安泰ならそれでいいという状態です。

これまで労働者とかユニオンというのは本の中のもので、友だちとかと一度もそういう話はしたことがありませんでした。そういう意味で今日、ユニオンについて聞かれたのは新鮮でした。労働者の価値観は正社員、契約社員、日雇い、アルバイトといった枠組みの基準によって、〝安心〟とか〝不安〟の感じ方が違ってきますからね。僕たちは、本当はそういった細かい分類じゃなくて、労働者という大きな枠組みで考えることが必要で、その枠組みで考えることが抜け落ちているんだ、そういうことに気づかされました」

その時ようやく、レストランの大きなガラス窓から差し込む冬の弱い日差しがさらに弱まり、陽がすっかり傾いていることに気づいた。ずいぶん時間が経っていたのだ。30歳にならないうちにノルマと生産性のない働き方を選択した富田さん。「働くことは生きがい」と教える社会。両者のなんと隔絶していることか。そう思いつつ私は茅ケ崎を後にした。

メンタルなところで躓く

茅ヶ崎に行ってさらに1週間ほど過ぎた2月中頃、私は札木良さん（31歳）に会った。彼の話を聞くためであるが、ここに至る経緯を少し述べたい。

ユニオンに様々な疑問を抱きはじめた私は、いくつかの「闘うユニオン」が集まる集会や定期大会に出かけて行った。「闘う労組」とは、低賃金や未払い賃金、あるいはパワハラなどの行為に対して会社側に改善を要求したり、労働環境の是正を要求するなど、アクティブに活動している労働組合を指す。ある集会では大手自動車メーカーの労組が非正規社員の雇用差別是正を要求していた。またインテリア素材の下請けメーカーの労組は、社長のパワハラと闘っているという報告があった。そのなかで東京新聞労働組合の執行委員長、宇佐見昭彦さん（52歳）がとても興味深い話をした。

東京新聞は50年以上前に中日新聞に吸収されているが、名前だけは〝東京新聞〟として残っている。入社すると社員は当たり前のように中日新聞労働組合に入ることになっている。このように社員はすべて労働組合員という形式をユニオンショップという。だが、社内には中日新聞労組とは別にもう一つ労働組合がある。それが東京新聞労働組合だ。こちらがいわゆる「闘う労組」で、中日新聞労組は会社側の言いなりになる、いわゆる「御用組合」である。東京新聞労組は組合員29人、中日新聞労組は組合員３０００人である。

宇佐見さんが執行委員長を務めるのは組合員29人の「闘う労組」のほうである。集会で発言した彼はノーネクタイにスーツ姿がいかにも新聞記者らしいが、物腰の柔らかな人だ。彼の話で私が興味をひかれたのは次の話だった。

「近年、若い人で私たちの労組に入ってくる例として、こんな例があります。メンタルなところで体調を崩して休職し、職場復帰した人が入ってくるのです。そういう傾向があると感じます。長期間休んでいる間に人生や仕事についてじっくり考える時間があるからではないでしょうか。その中で労働組合のあり方についても考えてくれたのかもしれない。それで私たちの労組に加入したのではないかと」

宇佐見さんは、集まりの場ではこれ以上詳しくは語らなかった。「メンタルなところで体調を崩し〝闘う労働組合〟に入ってくる」という報告に私は惹かれた。集まりが終わった後、彼に話しかけた。

「メンタルなところで体調を崩したのち〝闘う組合〟に入った方というのは、何歳くらいのどんな方たちですか？　今どのような職種なのですか？」

私のぶしつけな質問に宇佐見さんはちょっと驚いた顔をしたが、すぐに嬉しそうな笑顔に変わった。

「実は、先ほどお話ししたくらいのことしか私にはわからないのです。それに勤務地が東京のほか、名古屋や長野などに散らばっていますから。でも、お尋ねの組合員に連絡を取ることはできます。話してくれそうな人に私が打診してみましょう。その上であなたが直接彼と連絡をとられるのがいいと思います」

話は進み、仕事によって〝うつ〟になり休業、復職と同時に東京新聞労組に加入した人で、仕事時間が自分のペースでコントロールできる部署にいる人を紹介してくれた。それが札木良さんであった。彼は名古屋勤務だ。

札木さんとはＥメールで連絡をとった。会って話を聞きたいと伝えると、即座に「では僕が三島に行きましょう」と返信してきた。

僕がユニオンに入ったわけ

札木さんは中背で筋肉質、色つやのよい柔和な顔、スニーカーにリュックというでたちだった。彼が語ったプロフィールは次のようである。

僕はもともと変わったことをやりたかったんです。特に東アジアに興味があって、本当は東大志望だったんですけど、高校の時、がんばれなくてそれで東京外語大のモンゴル語学科に行ったんです。

卒業後すぐ中日新聞に入社し、大津、名古屋、長野の駒ケ根と、言われるままに転勤しました。中日新聞にはユニオンショップ協定があって社員はみんな中日新聞労働組合に入ります。僕が今いる東京新聞労組があるのは知っていましたが、ここは「闘う労組」なので、会社からも周囲の社員からも会社に抵抗する人間だと見られます。だから壁が高くて、やめる覚悟がないと入れないところでした。

大津支局に勤務した時は24歳でした。社会、時事、生活や科学全般、古墳のことなどなんでも記事をこなさなければなりませんでした。でも新入社員だから最初からそんなにうまく書けない。僕がトロかったこともありますが上司に叱責され、しごかれました。

でも上司はそれ以上に理不尽な要求をしてきました。僕が書く記事をすべて否定しました。何がよくて何が悪いのかはっきりしないのです。何回書き直してもOKがもらえない。そういうことを他の先輩の前で見せしめのようにやるのです。耐えられませんでした。先輩からは我慢しろと言われました。自分がダメなのだと思いました。やめてやろうと何度も思いましたが、やめたら上司に仕返しができない。

大津にいた時、1か月寝込みました。たまにドライブに行きましたが、ほとんど病気療養していました。1か月後、内勤になりました。左遷ですね。新聞記者は外で記事を書いてこそ、なのに。やめようと思ったけれど、後悔するだろうし、仕返しをしたいと思っていたので5年間我慢しました。その後、長野の駒ヶ根に空いた部署があったので行きました。ここでまた病気になりました。そのころはもう上を目指す気持ちはなくなっていました。他の人と同じ会社人生を考えなくなっていました。この病気には波があるんです。がんばれないときがある。翌年、名古屋に戻されました。30歳になっていました。

ここで彼は持っていたペットボトルの水を一気に飲み干した。一気にしゃべりたいという雰囲気が伝わってきた。

中日新聞社は人事権を盾に牙を剥いてくるような会社です。そうして会社に背かない社員を作る。だから会社の言うことはなんでも聞くような人が多い。そんなことを考えて家にひきこもっていた7月の夜、眠れずにネットサーフィンをやっていたとき、東京新聞労組のホームページに行き当たりました。読んでいるうちに会社は社員同志にはよくわからないような賃金格差や査定を行い、区別していると初めて知りました。さらに幹部たちが団交の場で事実をはぐらかしていることも知りました。〝差別や格差はよくない〟と紙面では立派なことを書いているのに、しょせん建前なのか……と。現実を知っていろいろなことが頭をよぎりました。これでいいのだろうか？　いいや、いいはずがない。何か打つ手はないものだろうか？　気がつけば2時間が過ぎていました。ホームページの言葉、東京新聞労組の訴えは僕の気持ちにストンと来ました。はっきり言って新鮮でした。

それまでの僕には情報がほとんどなく、賃上げにも関心がありませんでした。でも、いろんな人がいていいという思いは根底にありました。中日新聞労組は強い者だけがいるところで、声をあげるのが大変なところ。ちょっと変わったことを言うと「何を言っているんだ」となる。会社の雰囲気が暗い。ここに刃向かいたい！

そうやって思いを巡らせているうちに、東京新聞労組に移ってもいいかな、という気持ちになりました。そして東京新聞労組に加入しました。

札木さんが「闘う組合」に入った動機は簡単だった。だが実際はネットで東京新聞労組のページを見ていた時、もっともっとさまざまな思いと感情が入り混じり、多くの葛藤があったに違いない。その結果、彼は孤独のなかでそれを決断した。

東京新聞労組に移ったからといって、表立っては何もやっていません。執行委員長の宇佐見さんが中心になってやってくれています。僕の知るところでは社員の多くは東京新聞労組、そして新聞労連は怖いというイメージを持っています。その一方で多くの社員は団結しなければいけない、という思いも持っています。

僕は賃闘に興味ありません。もちろん人事だとは思いますが……。弱い者が強い者に立ち向かうわけですから、闘うときは理路整然としたものは必要です。ただ、闘う労組の組合員ですけれどもいまは何もしていません。まずは家族と過ごす時間を多くしたい。プライベートを充実させたい。そのことが仕事を豊かにすると思うからです。

「ユニオンは趣味」なのか

私はここで質問を挟んだ。

「先日、29歳のある男性に会いました。彼の言ったことがとても印象的だったのです。彼は、ユニオンは趣味じゃないか、というのです。どう思われますか？」

ユニオンは趣味、いいこと言いますね。腑に落ちます。考え方が柔らかくて。ユニオンに命を賭けるという方もおられるのでしょうが、そうではない人もいます。どちらも素直だと思います。ただ僕は、ユニオンは怖いものだという印象をなんとかしたい。そういう意味では〝ユニオンは趣味なんだよ〟というフレーズはとてもいいと思います。

中日新聞にはユニオンショップ協定があります。僕もここに入っていました。ユニオンショップがあったことで、ユニオンという存在を知ることができたわけです。

僕たちよりも10歳以上年上に団塊ジュニアがいます。社内にも団塊ジュニアは多い。その先輩たちから見ても闘う労組は入るものではないらしい。まわりからの視線がある。よい評価は受けない。そういったことをなんとかしたいです。

僕は石川県の出身ですが、石川県は働き口が少ないので選ぶ高校で働き口が決まります。多くは愛知県に出てきます。若い人の関心は今を楽しめばいいというのが多いです。でも、若い人ほど老後、将来のことを考えているんです。そこを年配の人に理解してもらう努力が必要です。労働組合についてもいろいろな考え方があっていいと思います。例えば、先ほどの趣味と捉えるというのもその一つです。つながり方やつながるものはいろいろあっていいと思うし、その一つに労働組合があればいいと思います。僕はいまの労組で、大きな声でいえるようなことは何もやっていません。社内では疎外感があるし、白い眼で見られています。そういったことをなくすためにも、いまの労働組合に籍を置いておきたいのです。

ひきこもりの人が一歩踏み出せるよう手を差し伸べたいと思うんです。そうすれば何かしら共感してくれる人が入って来てくれるのではないかと思うんです。心の中で応援してくれるだけでもいいいんです。僕は消えゆくもの、少数派に惹かれます。労働組合も消えゆくものの一つかもしれませんからね。自分のなかでそれを大切にしたいというのが強くあります。社会のなかで1パーセントくらいの声を大切にしていきたい。

とにかく多くの人が自然に入ってきてほしいなと思います。それと〝うつ〟になってから労働組合に入る、僕のような人は減ってきてほしい。運動をやればやるほど疲弊していくからです。東京新聞はリベラルで知られているのに、社内にはパワハラがあるのはなぜか？　ということですね。いまの新聞社は定年まで勤める人が多いです。新聞というのは書いている人間とその人の思想、心情とは別なんです。一読してそれなりのことが書かれていればいいわけです。こんなふうに書いておけば納得するんじゃないかという。社内はそういう感じになっています。矛盾を抱えながら新聞を作っています。

腕章は僕のお守り

「就職氷河期」といわれる時代を過ぎたころからだろうか、学卒までスムーズにいったものが、就職し会社という社会に入り、資本主義に浸からざるを得なくなった時点で初めて社会の矛盾や理不尽さに接する。そこで挫折を味わう若者が多くなった。彼ら彼女らは「この会社のやりかたは、この社会のあり方はどうにかならないものか」と心の中で葛藤し、憂い、悩み、苦しむ。もちろん悩まず苦しまず会社に適合していく者も多いのだが……。問題は社会や会社に適合できないで悩み苦しむその先にある、自己と社会とをどうやって折り合いをつけたらよいか、ということだ。

富田さんと札木さんは挫折し、メンタルの部分で深く傷つき、ひきこもり〝うつ〟になった。彼らは孤独だ。学歴優先意識や他より優位に立ちたいという考えや社会的環境、世論に調和しないからだ。精神の上でだけでも、自分の自由を守りたいとの思いがある。これも彼らに共通することだ。さらなる共通点として、孤独ではあるが孤立していないことがある。二人とも社会とつながりたい、世の中で誰かとつながりたいと考え、そのように行動しているからだ。

労働組合員になって闘うことは難しく、悲惨な立場になることも多い。だが、二人とも孤独ではあるが孤立していない、札木さんは労働組合に加入しつつも、労組とは触れざるほどの距離を保ちつつ自分を社会化させようとしている。このような距離感が、彼が労組に加入したことと関係があるのではないだろうか。札木さんの話から、これまでとは違った労組のあり方、あるいは連帯を形作る何かが見えてくるように感じられた。

私がそのようなことを考えていると、札木さんがおもむろに立ち上がり、リュックをテーブルに置くと、そこから何やら取り出した。赤い生地に「新聞労連　東京新聞労働組合」と白い文字で書かれた腕章だった。

「この腕章は会社に抗議していることを示すために着用するものです」

「どんな時につけるのですか？」

「例えば年末の一時金〈冬のボーナス〉が少ないときなど、各自が就業中腕につけます。〝一時金回答に不服、組合員は○月○日午前10時から腕章を着用せよ〟という内容で委員長名で指令が来ます。そうしたら腕につけます。僕は筋トレが好きで腕が太くなったので服の下の方につけています。あとは夏のボーナスの時、３月の春闘の時とかにつけます。人事部の人が腕章をつけているか、わざわざ職場に確認に来ます」

全社員の１パーセントに満たない「闘う労組」がこの腕章をつける。それはかなりの抵抗があるに違いない。私が属しているコミュニティユニオンでも、大きな大会やイベントの時はのぼりやスローガンを書いた旗を立て、ゼッケンをつける。これは年配者を中心にしたやり方だ。札木さんのような若者はどう感じているのだろうか。

私は腕章をどう思っているか尋ねた。

「この腕章ですか？　正直言ってダサい、古臭い。これが誇りや団結の象徴とはとても思えません。こんなのをつけていたら誰も寄ってきません。でも、僕はいつでも取り出せるように持ち歩いています。今日は機会があればお見せしようと思っていました。僕にとって腕章はお守りのようなものです。本当は、僕は会社の言いなりになりたくない。会社に従順でいたくない。イヤなことはイヤと、おかしなことはおかしいという人間でありたい。腕章はそういう自分であることの証しであるとともに矜持でもあるんです。

少なくとも誰かにこのことを言うことによって、その人とつながっていることを確認したかった。その人が会社の人間であれば、連帯への歩みを一歩進めたことになります。幸福への道は自分とつながっていると感じられる人と出会うことじゃないでしょうか」

そう言うと彼は腕章をリュックにしまいながら「まだ何かお聞きになりたいことがあったら、いつでもお知らせください」と言った。

札木さんは就職するまで、順調とはいえないまでも大きな挫折は経験しなかった。初めての職場でメンタルなところで体調を崩し、休職し、その時初めて労働が人生に占めるウエイトと意義について考えたのだ。会社社会では、困った人のことなど誰も気にしてくれない。だから孤立してしまう。だが彼はそこで立ち止まり、ハードルが高い「闘う労働組合」を見直し、入ってみようと思った。彼は、初めて労働現場で人とつながり、労働組合の意義を知ったのではないだろうか。

第4章　「ヒーロー」

憲法より早くできた法律

ユニオンに加入した相談者は団体交渉などの場で会社と対等に交渉ができる。社長と対等に口がきける。それら労働者の権利を保障しているのが労働組合法（以下、労組法と記述）だ。この法律の目的は次のように謳われている。

「労働者が使用者との交渉において対等の立場に立つことを促進することにより、労働者の地位を向上させること」

会社の社長と従業員とは労使という点で立場は違うものの、交渉の場では人間として対等なのだ。この法律にのっとるなら働く人間、もちろん若者も社長と対等なのだが、現実には従業員は社長に従属し、労使は対等ではない。

そういった意識を内面化している多くの若者は、労働組合および労働組合法とは何かを知らず、無関心と偏見を持っている人が多い。

私が教員として新任校に着任したその日のことだから、40年近く昔のこと。労働組合に対する偏見の一端を見た。その年、その高校の新規採用者は私を含めて4人だった。新卒採用者は一斉に事務室に行き、様々な書類を渡され記入しなければならなかった。その時たまたま私の前にいた男性の新任者が、受け取った書類を見ながら事務員の女性にいきなり言った。

「組合には入りませんから、この書類はいりません」

するると事務の女性はまったく慌てるふうもなく説明した。

「あなたは労働組合のことを言っているのですね。これはその加入書類ではありません。教職員互助組合といって、冠婚葬祭などの費用に充てるもので、教員みんなが加入することになっているんですよ」

男性教員は不服そうな顔をしながら引き下がった。その様子を見るともなく見た時、労働組合（この場合は教職員労働組合）が誤解され、恐れられ、いまだにレッド・パージのイメージが生きているのかもしれないと思った。教員にまで嫌われている労働組合はあと何十年かのちには、どこかの博物館でしか見られない代物になってしまうかもしれない。かくいう私もコミュニティユニオンで活動していなかったら関心を抱くことはなかったと思う。しかし、教員をやめ、労働問題の根深さを知り、この問題に取りつかれた。労働組合のどこにそんな魅力があるのだろうか？　労働問題は根深くなる一方なのに、このままでは労組法は生かされず、労働者の立場は危うくなるばかりだ。労組法が復活する道はあるのだろうか？

この疑問を解消したく、コミュニティユニオンにかかわりはじめたころ、ユニオン主催の学習会に度々参加した。その中で労働運動歴50年という人の話を聞いた。その人は川田敬三さん（仮名、78歳）。労働組合の理論的研究者であり、実践者でもあるということだった。

それまで私は「ユニオンは労働者の味方である」くらいの認識しか持ち合わせていなかった。だが、川田さんはユニオンの存在を肯定しつつ、現在の労働運動のあり方を鋭く批判した。初めて労組批判を聞いて、強い印象を受けた。川田さんは導入として、日本に江戸期からあったという「労働社会」について話しはじめた。

「労働社会」とは私がそのように呼んでいる社会のことです。かつて工場には「職員」と呼ばれる経営者がいました。彼らは時折工場を訪れ、工場を視察しました。その時工員（労働者）はみな土下座して彼らを迎えたのです。ただし土下座は、彼らが奴隷のようにこき使われていたからではありません。単なる儀礼としてのものでした。職員は、工場内の仕事の仕方、労働者の扱い方に対して口出しをすることはありませんでした。職場での日々の仕事は親方が指示し、その下に職工、平、見習いなどがいて、親方は未熟な若者を指導していました。これらの労働者は「組」と呼ばれ自立した「労働社会」を作っていました。その「組」が戦後、労働組合になったのです。「労働社会」は前近代的ともいえる未組織労働者ですが、そのなかにこそ自由なエネルギーにあふれ、オーラのようなものがあったのではないか、と思っています。

私は大学を出るとすぐにプロの労働運動家の道を歩みはじめました。１９５０年代半ばから1960年代にかけて、中学卒業と同時に故郷を離れ、首都圏などに集団で就職する若者は「金の卵」ともてはやされました。彼らは寮生活をしながら、働きました。受け入れる職場にはたいていお兄さん、お姉さんにあたるまだ二十歳になったばかりくらいの先輩がいて、仕事の手順から生活の面倒まで実にやさしく見てくれたものです。そのころはまだ「労働社会」があったのです。

私は大学で『資本論』を読みました。これにとても感動し、大きな影響を受け、この道に入る決心をしたのです。その後50年あまり、労働運動にかかわってきました。その中で私なりの労働運動史観とでも申しましょうか、それをずっと考えてきました。社会主義のソ連が崩壊して30年以上経ちます。社会主義はなぜ破綻したのか、そこには現実と思想との乖離があったのだと思います。私はそれに照らして、いま労働運動に求められていることは何かを考えました。いま労働組合が抱えている問題は、労働組合が固定観念を変えず、それを信じ込んでいるところにあります。「労働組合は団結すれば必ず勝利する」という考え方に問題があります。この考えでは発展性がない。「今のやり方で本当にいいのか？」と問いかける精神が必要なのです。しかし、多くの労組とかかわる中で、彼らの多くは、自分たちへの問い返しが欠如していると感じました。いま、働く現場も社会も深刻な問題を抱えています。なのに労組は若者を引き付ける魅力に欠けるのです。

人間はもともと労働者ではありませんでした。近代産業と経済成長の中で多くの人が労働者になっていったのです。自分の船を売って漁師をやめるとか、田畑を売って百姓をやめ、都市に移住して工場の門をくぐる労働者を憐れみさげすむ人もいました。しかし、そのような人は少数でした。高度経済成長によって、それまで第一次産業に従事していた人が工場やオフィスの労働者になり、社会の主役、中心人物になっていったからです。ところがほとんどの労働者は、自分の時間を切り売りしてお金に代えることが不自由で束縛があり、従属があること、そこに人間性を貶める深刻な問題があることに気がつかなくなったのです。いうなればまっさらな人間ではありえなくなったのです。

自分の自由になる時間が極端に制限された中で現代人は暮らしています。労働する年月が大きいほうが充実した人生だと、多くの人はそう思うようになったのです。仕事をしている自分に満足する、これは思い違いなのです。

さて、戦後成立した労組法について話したいと思います。

皆さん、ご存じでしょうか？　１９４５年8月15日の敗戦後、ＧＨＱがいち早く目をつけたのが日本の労働行政でした。45年の8月25日まではまだ治安維持法が生きていました。ＧＨＱは治安維持法の停止をいち早く命令し、これに関わって牢獄に追いやられていた政治犯を解放しました。その直後、９月には労組法の草稿がいち早く作られたのです。なぜこんなに早くできたのかといえば、かつての政治犯たちによって、牢獄の中でこの法律の草案が練られていたからです。治安維持法撤廃で弾圧がなくなり、巷には雨後の筍のように労働組合ができました。

そして、45年12月22日に労組法が成立したのです。45年9月以降、労働組合はすでにできていました。労組法はその実態を背景に成立したのです。成立年を見ればおわかりのように、日本国憲法よりも早くできています。ではなぜ、憲法より早く作られたのでしょうか？

それは、第二次大戦における日本軍のやり方があまりにも非人間的だった。それに巻き込まれた日本国民があまりにも人権を無視されていた。国民は生活だけでなく命も健康も犠牲にさせられたという反省のもとに、二度とこのような悲劇を繰り返さないために、国民の人権を保障するために、労働者の地位向上と労働者を不当な労働行為から守るために、労組法は作られたのです。

それから75年たったいま、敗戦後のこの機運はまったく失われ、忘れられています。多くの人は労働組合とは何かを知らず、その必要性についても考えることをしなくなっています。若者は、ただ決められた仕事をこなすことこそが大事だと教えられています。私が聞く限り、中学でも高校でも労組法の重要性を教えないようです。労働者は沈黙し、言い訳をしながら労働組合を抜けていく。それをいいことに会社側は賃上げを拒否し、賃金未払いやサービス残業を押し付けています。いまの社会システムは労働者を切り捨てています。多くの労働者が、人間としての尊厳を奪うような働かせられ方になっています。

川田さんの話から、労組にかける思いの熱さ、民主主義に対する強い期待が感じられた。同時に、彼の理念と現実がまったく乖離していることへの失望感が伝わってきた。彼の話はさらに続いた。

いまや労働組合は敗北に次ぐ敗北を重ねています。いま「闘って勝つ」ということは団交や裁判の末、解雇撤回したり、金銭和解できたりしたことを指します。したがって「負ける」とは裁判での敗訴になります。裁判で勝って解雇撤回しても、元の職場に戻り前と同じ仕事ができるのなら「勝った」といえるでしょう。しかし多くの場合、裁判に勝っても元の仕事をさせてもらえないことが多いのです。毎日の仕事が草むしりや工場内の掃除であるなら、労働者としての誇りを持つことは難しい。これでは本当に勝ったといえないのではないでしょうか。労働者が自分の納得のいく職場に戻れず、自分の能力を生かす仕事ができない、これは悲惨なことです。「闘って勝って」も、実態は負けているのです。職場に戻って毎日草むしりをしていても、それを敗北ではないとすること、勝ったと思い続ける、そこが今の労働組合が抱えている問題なのです。

この時学習会に集まった人たちのなかには、労働運動を推し進め、裁判をおこし、その結果「勝利した」と自負している人が少なくなかった。川田さんの言葉は、裁判によって「勝利」しても本当に「勝利」したとはいえない場合が多い、「勝利」が労働組合の発展には必ずしもつながらないのだという問題提起だった。

参加者には30～40年以上前の「闘士」だった人が何人もいた。彼らはすでに定年退職して何年も経つ。いまはコミュニティユニオンで活動し、労働相談に携わる人も多い。かつての「闘い」を胸にいまの活動に誇りを持っている。その誇りは自分たちが勝利したという成功体験に裏打ちされている。「自分たちのようにすれば必ず勝てる」という強い信念がある。そのことに対して、川田さんは疑問を呈したのだ。

川田さんのこの見解に私は共感した。とともに、第3章で登場した富田さんや札木さんのような若者世代と年配者との意識の落差に戸惑いを覚えた。なぜ、こうも世代間で労働運動に対する意識が違うのだろうか？　この疑問を解くために、私は、「勝利」体験を持つ年配者の話を聞いてみたいと思った。

太田薫

労働組合の「闘争」で勝利した人に柏木秀夫さん（仮名、82歳）がいる。彼はのちに述べるように「解雇」それも「不当解雇」されたため、ビラまきや集会、裁判などの「闘争」を通して解雇撤回を勝ち取った一人である。労働組合の仲間は柏木さんを「ヒーロー」と呼んでいる。デモや集会の時彼をよく見かけるのだが、たいていヨレヨレのズボンといつ捨ててもおかしくないほど着古した上着を着て、高価なカメラを二つ肩にかけ、さらにデジカメを持ち、時には地面にはいつくばるようにしてシャッターを押すのだ。彼の「闘争」は80年代初めだから、すでに40年近く前のことになる。

私は「闘争」がどのようなものだったのか、何度となく聞いた。ただ、聞くたびに彼の話は時系列を無視してあちらこちらに飛ぶ。労組でしか使わない単語も多かった。

以下は彼の話の論旨を生かしつつ、わかりやすいようにしたものである。

時は1978年11月のある日。場所は東京田町にある合化労連のビルの委員長室だ。

「バカモン！　ヤメトケ！　お前たち全員がクビになるんだぞ！」

太田薫のダミ声が柏木さんら12人の男たちに向かって発せられた。太田薫は旧制六高（現在の岡山大学）から大阪帝国大学を卒業し、宇部窒素の勤務を経て労働運動に身を転じた、いわばエリート労働組合員だ。対する12人の男たちは太田薫率いる合化労連の闘士で、静岡県内の工場で働く中卒、高卒の組合員だ。

太田はさほど背は高くないが太めの体躯で、丸顔に黒ぶちメガネ、少し禿げ上がってはいるが髪はまだ黒々としていた。たいていノーネクタイに白のワイシャツ、黒のジャケットというでたちで仕事をしていた。物言いはぶっきらぼうだが考え方は豪放、オープン。飾らない性格と柔軟さも備えた合理主義者でもある。物事のなんたるかを直感でとらえる鋭さがあり「太田ラッパ」との異名があった。

太田がいつもノーネクタイなのは、10万人を束ねる合化労連の委員長ではあっても、現場労働者との間に「オレとお前は同じ労働者じゃないか。ざっくばらんに話そうじゃないか」という仲間意識があったからだ。

12人はいずれも仕事場からたったいま電車に乗って駆けつけました、というように煤と油で汚れた顔をしており、揃いの作業服を着、緊張と期待でいっぱいの形相をしていた。委員長室は広々としていて、少し開いた窓から少々冷たい風が吹きこんでいた。部屋には太田のほか、事務机に向かって文書を整理している質素ななりの中年女性が一人いるだけだ。太田が声を発すると12人は一斉に首をすくめた。

太田薫は合化労連の委員長であるとともに元総評議長で、戦後労働運動指導者の第一人者といわれる。総評は当時、日本の労働組合最大のナショナルセンターで、最盛期には450万人もの組合員を擁する一大勢力だった。合化労連は旭化成、積水、宇部窒素など、戦後日本の基幹産業の一翼を担い、高度経済成長を支えた化学にかかわる会社が加盟する労働組合だ。そのころ合化労連に加盟する会社は120余、組合員は10万人を数えた。

12人の男たちは、静岡県沼津市にある坂本化成（仮称）という会社の従業員だ。彼らにとっては総評議長を務め、春闘の創始者であり、合化労連10万人のトップに立って体を張る太田はたいへんな存在だ。彼らは太田に圧倒され、硬直し、平身低頭だった。12人は自分たちがこれから取ろうとする行動について、太田に賛成してほしい、支援を頼みたいという切なる思いを抱いてこの委員長室にやってきた。合化労連は当時8階建てのビルを持っていた。

太田は、当時すでに総評議長の座から降りていたにもかかわらず、左派、革新勢力の重要人物であり、カリスマ的存在だった。彼の迫力に押されながらも、やっとのことでリーダー格の柏木秀夫が口を開いた。この男は興奮すると下唇を突き出し、唾を飛ばしながらしゃべる癖がある。彼は素手で額の汗をぬぐいながら言った。

「太田委員長、いま、私どもが申しあげたことはここ何か月もかけて話し合いに話し合いを重ね、考えに考えた挙句の結論なのです。この結論は揺るぎません。私たちを支援してください、お願いします」

12人は頭を下げた。柏木に続いてサブリーダーの塩谷浩（仮名）が一歩前に出た。塩谷はどんな時でも冷静に事態を把握し、柏木が暴走しそうなときにはブレーキをかけるいわば女房役だ。委員長を説得するには、自分たちの意地と熱意を示すことだと考えていた。

「私たちはこのまま会社の言いなりになるのは嫌です。人間としておかしいです。坂本化成が合化労連から抜ければ、今の労働組合は必ず御用組合（労働者側にではなく会社側に立つ組合のこと）になります。いいえ、すでになりつつあります。私たちは労働者の声を反映させる組合を新たに作りたいのです。この一点で12人は一致しています。どんなに苦しくても頑張る覚悟はできています」

太田は黒ぶちメガネの奥から二人を、そして12人を鋭い眼で見つめ、口を一文字にして腕組みをした。沈黙の後、太田は声のトーンを落とし、諭すように口を開いた。

「今年、お前たちの会社が合化労連から脱退したことは承知している。会社が合化労連から脱退すれば、労働組合は会社の言いなりにならざるを得ない。言いなりになるってことは社長と社員が殿様と家来、主人と奴隷の関係になるってことだ。そうなったら工場内に民主主義はなくなる。社員は会社に絶対服従しなければならなくなる。

だけどなあ、柏木、塩谷、それからはかの者もよく聞いてほしい。いまの組合を抜けてお前たち12人が別の組合を作ったら、会社は大喜びでお前たちをクビにするぞ！　お前たちは家族を路頭に迷わせるかもしれん。それがユニオンショップ協定というものだ。それでもいいのか？」

柏木は口ごもりながら反論した。

「はい。ユニオンショップ協定がある限り、社員はいまの組合を抜けられません。いまの労組を抜けて新たな労組を作ったら、ユニオンショップ協定をタテに会社は自分たちをクビにすることは承知しています」

そのころ会社は「生産性向上理論」ということを言い出していた。これは「いかにしたら効率よく生産をあげられるか、つまり、いかにしたら労働者をこき使えるか」という方法を示したものである。会社はこの理論を社員に叩き込むようになっていた。柏木たちは会社のこの動きに敏感に反応し、会社の言いなりにならない労働者のための労働組合を作ろうと画策してきた。しかし、会社と社員はユニオンショップ協定を結んでいる。つまり、坂本化成の社員である限り、坂本労組に加入しなければならない。坂本労組をやめて別の労組を作るということは、会社をやめることを意味する。

説得

太田は組んだ腕を解いて、机上に乗せおもむろに言った。

「生産性向上という名目で会社を合理化させる流れがあることは、オレも承知している。『合理化』っていうことは労働者は会社のためになることをせよ、ということだ。それで、お前たちもその理論を学習させられたのか？」

塩谷が答えた。

「はい、ここにいる12人全員がやりました。何しろ強制学習ですから。不思議なことにこの学習を受けると社員のほとんどが、会社が儲かるにはどうしたらよいかを実践しはじめ、会社に加担するようになるのです。本当に驚きました」

太田はさらに畳み込むように聞いた。

「それは多くの社員はコトの本質が見分けられない、ということじゃないか。これから何が起ころうとしているのかわかっていないんじゃないか？」

塩谷が緊張した面持ちで答えた。

「強制学習をやっていくうちに、労働組合内は合理化賛成の者が主流になってきました。社員のほとんどが合理化に賛成するようになったのです。それを見計らったように会社はさらに踏み込んできたんです」

太田は「なにをどう踏み込んだのだ?」と鋭い口調で聞いた。

塩谷が続けて答えた。

「会社は『わが社の意に反するような人物、精神、思想はすべて排除する』と宣言をしたのです。具体的には、配転するときは本人の同意なしに行うとか、解雇制限の条項を削除し解雇しやすくする、ということをやりだしたのです。社員の人権を無視した経営方針をはじめたのです」

これに続いて塩谷の隣にいた背の高い小林が力を込めて言った。

「私どもはこの方針に危機感を感じています! そこで、モノ言う労組を作ろうということになったんです。第二弁護士会の岸弁護士に相談しました。私たちは『労働者のための労組を自分たちの手で作りたい、そうして工場内の民主主義を守りたい』と訴えました。岸弁護士はいろいろと調べたりしてくれた結果『今なら裁判に持ち込んでも勝てるかもしれない、やってみる価値はある』と断言してくれました。それから岸弁護士はこう言ったんです。『だが、自分たちの労組を作る前に太田委員長の支援を取りつける必要がある、太田委員長に一度ちゃんと会って話をつけなさい』と言ったんです」

そこまで聞くと太田は両手を書類の上において、前のめりになりながら言った。

「クビになった後、お前たちはどうするつもりなんだ？　クビになるってことは給料が出なくなる、家族を養えなくなるってことだ」

12人は口々に答えようとしたが、塩谷がいつもの冷静さを保ちながら答えた。

「その点は考えてあります。まず、このうち6人が坂本労組を脱退してクビになります。クビになった6人はアルバイトで暮らしを何とかします。アルバイトだけではきついので会社に残った6人がクビになった6人の生活を支える。そのあとで、残りの6人も坂本労組を脱退してクビになり、最初の6人と合流して闘います」

太田薫はまた腕組みをし、背もたれにぐっと背中を押し付けながら言った。

「よし、お前たちの言い分はよくわかった。会社が従業員を懐柔していく、このやり方はこれからこの国でどんどん進んでいくに違いない。この流れをなんとかしなければならないとオレも考えている。お前たちが坂本労組を脱退して、合化労連坂本労組を作るってことは、会社の労働組合が二つになるってことだ。だけどな、分裂して坂本労組という御用組合から出て行ったお前たちは、自分たちでモノ言う労組を作ることを誇りに思っていいんじゃないか」

この言葉に12人の口元にようやく笑みがこぼれた。太田は顔の筋肉を引き締めて言った。

「お前たちは会社と闘うために労組を作るんだ。クビになるのは、後ろから追いかけられて背中を斬られるキズじゃない。さあ、斬ってみろと真正面から斬られる眉間のキズだ。合化労連はできる限りの支援をしよう。やってみるがいい」

面談が終わって、戸外に出たとき12人は太田薫を説得できたことを喜んだのは言うまでもない。

「よかった！　太田委員長がゴーサインを出してくれた」

「合化労連から支援金を出してくれるといった。オルグ（新しい労組をどう組織するか指南する人）もつけてくれる。これで鬼に金棒だ」

「予想以上の成果だ」

「オレたちの思いが伝わったんだ」

彼らの「闘い」はまだスタートラインにすらついていない。これからが本番なのだ。が、ともかくも近くの居酒屋に入って「乾杯」を何度も叫んだ。

裁判

翌日、予定通り６人が坂本労組を脱退した。会社はユニオンショップ協定をタテに６人をクビにした。柏木たちはすぐに「地位保全等仮処分申請」を出した。「ユニオンショップ協定の下で、坂本労組から脱退しても社員として保障されるのか」この1点をめぐって裁判がはじまった。

残った６人は、解雇された６人に毎月一人当たり３万円を拠出することになった。しかし、それとアルバイトだけではやっていけない。家族４人で食べていくとしたら、月に20万円くらいはかかるだろう。残りの17万円余りをアルバイトで稼ぎ出すのは容易なことではない。12人のほとんどの連れ合いはパートなどで稼ぐようになった。できる仕事は何でもやった。三菱電機の下請け作業、文化シャッターやバルコニーの取り付け作業とどれもこれもやったことがないものだった。様々なアルバイトを６人で協力して探し、何人かグループになり、見よう見まねでやり通した。朝６時にトラックでバルコニーを現場まで運び、夜９時過ぎまで取り付け作業をやったこともある。

そうこうするうちに残る６人も予定どおり坂本労組を脱退し、クビになり、12人は合流した。しかし、現実の暮らしは地道で厳しかった。どの家庭も台所は火の車だ。目標はただ一つ「裁判に勝って職場に戻る」それだけだ。坂本化成には1000人近い社員がいたが、そのうち合化坂本労組は12人、残る900人余りは彼らに冷たい視線を浴びせた。分裂して作った組合は社員のたった1％に過ぎない。柏木は仲間にこう言った。

「御用組合には900人以上の組合員がいるが、なんの力も持っていない。自分たちはたった12人だけど、一人一人が意思を持っている、モノ言う社員だ。少数でも正しいことをやれば必ず勝利を手にできる。行動しなければどんな力を持っていてもなんにもならない。意思を持って行動する人間がたった1％ということは、みんな職制（組合つぶしをやるために設けられた管理職）が怖いからだ。誰だって自分がかわいい。職制に逆らってまで事を荒立てたくない。だけど、それじゃあだめなんだ」

それを聞いて小林がこう言った。

「昼休みに倉庫の裏手でタバコを吸っていたんだ。そうしたら、倉庫の入り口に何人かたむろしていて、会社の悪口を言っているんだよ。『オレたちは合理化という言葉に騙された』とか、『結局自分たちは会社の駒になるしかない』とか言ってた。あげく、こうも言ってた。『あいつらがうらやましいよ。自分だって勇気があったら会社にモノ申したいんだけど、そんなことしたらクビだ』って」

それを聞いて塩谷はにやりと笑った。

「それはそうだよ。オレたち以外の９８８人全員が会社の味方っていうわけじゃない。オレの見立てでは会社べったりの人間はせいぜい２～３割で、残りの６割か７割は、本当は会社側につきたくない、できたら逆らいたいくらいに思っている者もいる。気持ちの中ではオレたちを応援してくれているかもしれんな」

やがて静岡地裁から判決が出た。判決は以下の通りだった。

「組合からの脱退をもって解雇することは、既存のユニオンショップ協定の効力が及ぶところではない」

勝訴である。会社側は即座に東京高裁に控訴した。１９８４年、東京高裁から和解勧告があり、裁判所を通じて交渉が行われた。交渉内容は以下の通りである。

「解雇した社員を職場に復帰させる」「会社は解決金を支払う」

この条件で和解が成立した。司法は労働者の申し立てに軍配を上げたのだ。当初、岸弁護士は1年か1年半で決着がつくと言っていたが、闘争は6年半に及んだ。

ともかくも、晴れて12人は職場に戻った。

12人は勝った。合化労連の旗を守り通した、人間として恥ずかしくないことをやり遂げた、人間としてどう生きるかという問題と向き合った、そういう満足感と快感があった。

しかし、当日出勤すると厳しい現実が待っていた。２００人ほどの坂本労組の組合員が門前で彼らを待ち構えていたのである。「会社に来るな」「帰れ」と罵声を浴びせ、就労妨害をした。勝訴した12人を御用組合の社員が拒否したのだ。柏木たちは、このような嫌がらせ、仕打ちは御用組合と会社がグルになってやったことだと直感した。

会社は御用組合員に「あいつらとは話をするな」と言い、社員の何人かは「会社に迷惑をかける奴は出ていけ」と嫌がらせをした。復職した12人にあてがわれた仕事は工場や壁の清掃、草むしりなどだった。雨の日は一日中狭い部屋で意味のない文書を書き写す作業もあった。やがて12人の誰もが暗く陰鬱な顔になっていった。会社は合化坂本労組の12人を分断させる工作もした。このような結果は想定内ではあったが、彼らは孤立感を深めていった。柏木は例によって下唇を突き出し、唾を飛ばしながら「あの社長、ぶっ殺してやる！」というのが口癖になった。

彼らを待ち構えていたのは、職場での針の筵だけではなかった。その後、年金に差がついたのだ。同年、同学歴、同職の人間より年金が2万円低くなっていた。残業をしなかったことと考課査定が悪かったからだ。厳しい現実を彼らは受け止めざるを得なかった。その痛みを押し殺すように柏木はこう考えた。

「失った2万円にはすごく大きな価値がある。オレたちは他の社員より2万円少ない、だけど2万円と引き替えに心の安心と自由をもって生きている、これは金には代えがたい心の安らぎだ。合化労連の旗を守ったという誇りもある。それが心のよりどころだ」

「闘い」には勝ったが、12人はその燃えカスを大事にし、残り火が消えないように常にふうふう息を吹きかけながら生きていかなければならなかった。そのためにはかつて職場で一緒に闘った仲間をどこまでも信じ、ちょっとやそっとでは揺るがない、固いきずなで結ばれていることを確認するほかなかった。

裁判のあとで

職場復帰した柏木はその日も暑い日盛りの中、黙々と草むしりをしていた。草むしりだって立派な仕事だ、草を取った場所はそうではないところよりもきれいだからな、と自分に言い聞かせた。その時ふっと脳裏に若かったころのことが浮かんできた。

〈オレは中学を出てすぐに仕事をはじめた。昭和30年代だ。そのころ先輩格の人たちから、おまえは面着（めんちゃく）じゃないか、って言われた。面着っていうのは、オレたちのように中卒で雇われた臨時工を蔑んで呼ぶ言葉だ。いまでいえば非正規雇用者にあたるかもしれない、そういう人間を見下げて言う言葉だ。人間の顔をかぶった動物という意味だ。そう言われて悔しい、悲惨な思いをした。その悔しさをバネに仕事をして、オレは正規雇用へと這い上がった。

だから、オレは解雇を撤回させた闘士として死にたい。それに人生を賭けたからだ。これがオレの最後の願いだ。オレは闘う労働組合員だ。御用組合員なんかに絶対にならない。この気持ちは昔も今もこれからも変わらない。オレは自分の過去を決して否定したくない。

しかし、この国の労働状況は悪くなるばかりだ。ことに若い者は労働者のなんたるかをわかっていない。労働者っていうのは、抑圧され管理され虐げられた存在だ。そういう社会矛盾に対抗し、団結するのが労働組合だ。だから闘わなきゃならない。闘わない労組なんて労組じゃない。労組っていうのは、民主主義の学校だとオレは教わったんだ〉

柏木はさらに思った。

〈自分の意思で闘っていたあのころ、気持ちはまったく揺るがなかった。勝利した時はなんとも言えない気持ちだった。だが、闘ったあとの会社からの嫌がらせ、日々味わう苦痛にどれだけ耐えられるだろうか。もうあのような闘いには関わりたくない、あの時のことを思い出したくない、話したくない。だが、心の奥底にもう一人の自分がいて、やっぱり誰かに話したい、聞いてもらいたい、共感してもらいたいと言っている〉

柏木がとりとめもないことを考えていると、背後から塩谷浩が近づき、小声で話しかけた。

「柏木さん」

塩谷は静かに柏木に近づきしゃがみこんだ。柏木は不安げに顔を上げた。塩谷は柏木のその時の思いなど知る由もなく、一緒に草をむしりながら温和な口調で言った。

「オレたちはほんとうの労組ってなんだ、という話をずっとしてきたよな。本当の労組っていうのは、採用された未加入の社員に先輩社員が働きかけて、組合に入ってもらう。一人一人に労組の大切さをわかってもらう、そういう手間暇をかけながら会社との交渉力を高めていくものなんだ。だけどユニオンショップ協定を労働組合が会社と結んだら、一人一人の社員に〝あんたは労組についてどう思うね〟と聞いたり、考えたりして労組に入ってもらう苦労がなくなるわけだ。苦労がないぶん社員には会社と交渉するという力がつかない。自分は労組に入っているという実感も持ちにくくなる。だから労組がどんどん弱くなっていくんだよ」

柏木は日焼けした顔に同感だと言わんばかりの笑みを浮かべた。

「だけどいま、特に若い人は賃金を少しでも多くもらいたい、だから自分の意思を曲げ、会社に従うという人の方が多い。オレはずっとそういう若者を取り込もうと思って闘ってきた。だけど、毎日毎日草むしりと掃除ばかりだと気持ちが折れそうだ。今のオレだったらそういう若い連中と同じほうにつくかもしれない。12人のうちの何人かは、もう闘うのは選びたくないと言っているしなあ」

それを聞いて柏木の顔色がさっと変わった。

「ダメだよ、そんな考えじゃあ。サービス残業、あれは言い換えればタダ働きじゃないか。タダ働きをサービス残業と言い換えているだけじゃないか。自分の時間とエネルギーをタダで資本家に差し出しているんだ。そんな根性だからダメなんだよ」

「そうじゃないんだよ、柏木さん、オレの思いはあんたの思いと一緒だ。そもそも人間には精神の〝自由〟を求める強い願望がある。解放された生き方をしたいという切なる思いがある。だからそれを表明しなければいけない、オレたちは一途にそう思って闘ってきた。だけど、オレはいま別のことを考えている。ずっと考えてきたんだけど、柏木さんには話しておきたいと思ってね」

塩谷は小さな声でこう続けた。

「実はオレ、あと半年したら会社をやめようと決心したんだ。もちろん柏木さんと同志であることはこれからもずっと、この世が終わっても変わらない、これだけは言っておきたい」

「だったらなんでやめるんだよ」

つっけんどんに言う柏木に、塩谷はいっそう声を落として言った。

「オレたちはさ、会社からクビを斬られたんじゃないよ。会社に斬らせてやったんだ。自分のクビをかけてやったこの闘いは、定年までどんなことがあろうともやめない、それが筋を通したっていうことだ。定年を待たずにやめたら、裏切り者だ。会社の嫌がらせに耐えられず、負けを認めたことになる。そんなことはわかりきっている。

　だけどなあ、オレは12人のうち一番年長者だ。いま、一人じゃ生活できない父親を抱えている。オレの女房は柏木さんも知っているように、昨年亡くなった。このごろ、仕事と介護の両立が限界だって思うようになった。いまやめたら、落伍者だ。だけど落伍者になっても仕方がない。オレは父親の面倒を看る道を取りたいと思うんだよ」


「そうか」と小さくつぶやいて柏木は言った。

「ほんとうの労組というのは、現場で働く労働者が自分たちの労働環境を守り、問題を解決するものなんだ。そこで身体を張って闘うことなんだ。抑圧されている自分たちの問題を自分たちのこととしてやっていくものなんだ。オレたちはそう何度も確認しあったよな。だけど、今の状況はあのころとは違っている。お前の苦しい立場はわかるよ。親父さんの面倒を看てやれよ……」

　塩谷は柏木の口惜しそうな横顔をまじまじと見つめ、きっぱりと言った。

「オレたちの闘いは日本の労組に少なからず影響をもたらした。それは確かだ。あの判決が出た後、ユニオンショップ協定をタテに解雇することが激減したからな」

そう言うと、塩谷は低い声で「残念だが」と前置きして言った。

「勝ったと思う反面、本当に勝ったんだろうかという気持ちがどうしても消せないんだ。勝って職場復帰しても仕事が毎日草むしり、このざまじゃなあ……ってね」

塩谷の言葉に柏木は立ち上がって叫ぶように言った。

「オレはクビになるとき、女房に頭を下げて、頼む、辛抱してくれ、パートで働いてくれって頼んだんだ。お前のとこだってそうだろう。必死だったたから勝利を手にできたんだ。これくらいのことで根を上げたら、オレたちが闘った6年半はいったいどうなるんだよ」

「柏木さん、オレは工場の掃除をしながらよくこうも思うんだ。オレたちが闘ってユニオンショップ協定勝訴の判決が出された時代は、まだ会社と社員が同じ土俵に立てる雰囲気が残っていた、だから勝てたんだよ。ユニオンショップ協定は絶対ではなく、どの労組に加入するかは〝個人の自由〟に帰する、そういう民主的な風潮がまだ残っていたんだよ。〝個人の自由〟をユニオンショップによって阻害してはならない、という考えが少しだけどあった。

オレたちの裁判は〝遺産〟と言える判決かもしれない。だけどいまは、会社や資本が個人を圧倒し、賃金格差やら世代間格差やらが広がっている。これからの若者の働かされ方はもっとひどくなると思えてならない。だけど、オレにはその若者に言ってあげられる言葉が見つからないんだよ」

柏木には塩谷が言っていることの意味はよく理解できた。それでも勝ちは勝ちだと思った。そして、空を見上げながら言い放った。

「そうか、わかったよ。もう何も言うな。お前はお前の思う通りにしろよ。オレはこれからも毎日あの富士山の雄姿を眺めながら草むしりをやるよ。それがあの時不当解雇を撤回するために闘ってきたオレの人生の唯一の誇りだ」

柏木さんの話を聞きながら私は思った。

彼らの取った行動は確かに素晴らしい。誰もができることではない。私だったら彼らの仲間入りができるだろうか？　きっと多数派についていってしまうだろう。

だが、素晴らしいと思うのと裏腹に、柏木さんたちの考え方と闘い方に一縷の疑問を抱いたのも事実だ。

自分たちの考えや行動は正しい。だから若者たちも自分たちのやり方に倣って闘えば必ず勝利する、それが柏木さんの考えだ。だが、時として強い信念を持てば持つほど、自分と違った考えや立場の人を理解するのが難しくなる。「闘わないのは労組じゃない」という考えを押し通せば、闘わない労働者を受け入れにくくなり、たこ壺に入ったタコのようになっていく。裁判で勝利しても、元の業務に戻れないのでは「勝利」とはいえないのではないか。

少なくとも「勝利」は一つの点に過ぎず、それが線になり面を作ることはできないだろう。

川田さんが問いかける「いまのやり方に発展性がない」というのはそのことだ。

また、会社と労働者はどこまでも敵対関係にしかなれないものなのか、という疑問もある。賃金闘争で勝ってより多くの賃金を獲得する、それが労組の最上の目的なのだろうか？　就職氷河期世代、そして20代、30代の若者と接していると、彼らは必ずしも経済的、物質的勝利を第一にしているわけではないのだ。

柏木さんたちの世代は、幸いなことに会社と闘うことができた。しかし、それから40年余り経ったいま、働く若者は経営者に服従しなければならなくなった。ここに年配者と若者との意識の違いがある。

私は柏木さんがわら半紙に手書きで書いて印刷し、工場の門前でまいたチラシや、「通信」「闘い（裁判）」の状況を綴った何冊ものファイルを見せてもらった。「合化坂本の闘い」と書かれた表紙もすべて手書きだ。それは確かにかつての「闘士」の足跡だ。確かな足跡ではあるが、現代の若者がこれを労働運動の遺産として受け取るのは困難だろう。

労働に対する世代間ギャップはどのようにしたら乗り越えられるのだろうか？　若い労働者がつながりあえる労組を構想するとして、その可能性はどこにあるのだろうか？

第5章　敗訴、だけど失望しない人

世代間ギャップの理由

柏木さんが話の中で何度も繰り返したセリフがある。

「ほんとうの労組というのはね、現場で働く労働者が自分たちの労働環境を守り、問題を解決するものなんだ。そこで身体を張って闘うことなんだ。抑圧されている自分たちの問題を自分たちのこととしてやっていくものなんだ」

そして最後を次のように締めくくるのだった。

「日本の不正を糺したのは、社会党と総評だ。それを日本はタダで捨てちゃった。天にツバをするようなもんだ」

これは柏木さんをはじめとする、多くの「かつての闘士」の信念をよく表している。このセリフを私は黙って聞いていた。すると彼はこう続けた。

「まだこの国にはあのころの精神を引き継いで闘っている労働組合があるんだよ。あんたにその気があるならそういう人たちがいる集まりに連れて行ってもいいよ」

「闘う労組」の集まりにぜひとも行きたいと思った。そこに集う人たちは第一線から離れた年金生活者とその予備軍が多いのだろう。彼らと現役の若い人たちとの間には隔たりがある。かつての闘士、「闘う労組」はこの隔たりを認識しているのだろうか？　若い世代とのギャップをどう埋めるか考えているのだろうか？　私は「闘う労組」の「いま」を知りたいと思い、その集会に出かけた。

「闘う労組」が集まる会議場に行ったのは2月も末のことだった。1月に大雪が降り新幹線は朝から徐行運転が続いたが、2月も半ば過ぎると春めいた日差しが降り注ぐようになった。私は柏木さんに教えられた道順に従って目指すホテルの会議室に着いた。会議ははじまったばかりで、ちょうど議長の基調報告の場面だった。議長は力を込めて語っていた。

「30代、40代の人たちは自分の賃金を上げたという実感がありません。グローバル資本は法人税を引き下げ、企業がその分を取っているからです。労働組合はいま低迷しています。私たちはこれを再構築したい、そう思って集まっているのです。そのカギを握るのは若者と現場労働者にあります」

これに続いて現場の人たちがいま、会社でどのような境遇にあるのか、それに対してどう闘っているかについて報告があった。大手自動車会社の非正規雇用者は「有期雇用であっても5年勤めれば無期雇用に転換すると定められています。なのに会社はそれをしない。これは脱法です」と報告した。チェーンのレストラン勤務の人は「社長は想像を絶するパワハラを平気でします。そのうえ未払い賃金もある。これをどうにかしなくては、と私たちは少数ですが労働組合を作り、闘っています」

現役の労働者がが窮状を訴えたのに続いて、第一線を退いた年配者が発言した。

「中小企業には労働法に対する違法がたくさんあります。我々の会議は泣き寝入りしている全国の非正規労働者の希望にならなければいけないのです。かつての合化労連で企業内労組として残っているのは大鵬薬品工業だけです。この会社は意見を言える人が真面目に仕事をし、若い組合員が増えています。若い人と組合がコミュニケーションをよくとっているからです。これに対して、ほとんどの会社は御用組合である連合の下にいます。このまま闘う労組がなくなると末端に大きな影響が出る。この20年というもの春闘で賃金は上がっていません。賃上げは幻想でしかなくなっています。40年前に闘った労組はいまや最後の組合員の退職をもってどんどん解散しています。大手企業の労組は連合に吸収され、この国の労働者の8割は中小企業で働いているのに、会社内労組はなくなっています。これをなんとかしなくてはなりません」

ここで拍手喝さいが起きた。すると別の年配者が発言した。

「皆さん、熱狂を作ってはいけません。熱狂は何も考えなくするからです。考えない、思考停止するところで何かが起きるんです。それよりも私たちがかつて闘った、その経験を残していかなくてはならない、それがこの会議の使命です」

会場には正社員もいれば非正規雇用者も退職者もいたが、白髪か白髪交じりの人が７割以上を占めていた。それを見て私は思った。この熱気はあと何年続くのだろうか？

「闘う労組」がなくなる時代

そのなかで一人だけ、他の人とは違った発言をした人がいた。私の隣に座っていた初老の男性だった。尾崎英夫（仮名）と名乗った彼は議長に促され、ようやくマイクを持ち、話しはじめた。

話の内容はおよそ次のようなものだった。

尾崎さんは高校卒業後、岡山県にある会社に勤務した。すっかり仕事にも慣れ家族もできたころ、会社から東京に転勤してくれと言われた。考えた末、彼は拒否した。その結果、同じく転勤を拒否した４人の同僚とともに解雇された。「不当解雇」だ。解雇撤回をめぐる闘いになり、最高裁にまで持ち込まれた。裁判は足かけ14年を要した。裁判の結果、尾崎さん以外の４人は勝って職場復帰した。尾崎さんだけが負け、解雇された。彼は自身の敗北の理由を「裁判に勝つための努力をしなかったためではないか」と言った。

彼は指名されて、仕方なくしゃべっているようだった。彼以外の報告者は皆、どうやって闘いどうやって勝利したかという勇ましい話だったが、一人彼だけが失敗談だった。尾崎さんは73歳。少し薄くなった白髪交じりの髪には、櫛を入れた形跡がない。浅黒い丸顔で真ん中に大きな鼻がある。抑揚のない感情を表に出さない話しぶりの、風采があまり上がらないオジサンだった。

やがて会議は終わり二次会に移った。そこで初めて、立ち上がった彼を真正面から見た。ずんぐりとした丸っこい、しかしがっしりした体躯だ。少々突き出たお腹をグレーのセーターと作業着のような薄茶色のズボンで包み、くたびれたスニーカーを履いていた。どれもこれも長い間肉体労働をしてきた労働者のそれに見えた。

真正面から見た時、彼に対する印象が、横顔しか見えなかった時とはまったく違うものになった。身体の芯に気骨といえるものを持った人として映ったからだ。

尾崎さんは近くにいた顔見知りらしき人に「自分は二次会には出ないで、このまま帰ります、後はよろしく」と挨拶し、屈託のない笑みを浮かべながら古びた帽子をかぶってその場を離れていった。その様子には「労働者というのはねえ、管理され抑圧された人なんだよ」という形容も、「資本主義の犠牲者」という感じも、悲惨さも卑屈さもまるきりないのだ。ないどころか、その丸っこい体躯と去っていくとき浮かべた笑顔から咄嗟に「神が作ってくれた幸福な人間」というフレーズが脳裏に浮かんだ。

このフレーズは中野孝次の著書『ブリューゲルへの旅』（河出書房新社　1976）に出てくる言葉だ。16世紀ネーデルランドの画家ブリューゲルの絵画について書かれたものだ。ブリューゲルは農夫や小作人、娼婦、職人、徒弟といった社会階層の人々を多く描いたのだが、中野孝次はそれを次のように評している。

これ（ブリューゲルの描いた下層階級の人々：筆者注）が人間の営みだ、これ以外に人間の生はないのだ、これだけで充足しているのだと感じる何かがある。「神が作ってくれた幸福な人間」という安らぎと慰籍がある。（略）何かが、本当の救済と安心がそこにあったはずである。社会的所有関係における犠牲にかかわらず、生をそれだけで充足させていたものがあったはずである。

尾崎さんを真正面から見たとき、中野孝次が述べたブリューゲルの農民たちのたくましくもしぶとい、しかし幸福な、そして苦難の多い、にもかかわらず「生をそれだけで充足させている」という形容が思い出された。

そもそも当時、東京への転勤は岡山という地方からすれば栄転で、会社勤めの男性なら多くの人が喜んで受けただろう。なのになぜ彼は拒否したのだろう？

さらに、なぜこの人だけが裁判で負けたのだろうか？

負けたにもかかわらず、なぜ淡々と穏やかに失敗談を語ったのだろうか？

彼の後ろ姿を見送りながら、私はこれらの疑問に囚われ、もっと詳しく話を聞きたいという衝動に駆られた。彼の裁判は、25年前のことだ。その時のことを聞きたいと思った。


先の「闘う組合」の集会から3週間ほど経ったころ、柏木さんのつてで、尾崎さんの話を聞くことができた。昼過ぎに岡山駅に着くと、尾崎さんは約束の時間より早く来て待っていてくれた。黒いシャツの上にベージュのセーターを重ね着し、紺色のズボンを履き、足元は素足にサンダルだった。丸く日焼けした顔に笑みを浮かべた表情は、集会の時よりさらに穏やかだった。

駅から少し南に下った、瀬戸内海がすぐ近くに見える工業地帯に尾崎さんが勤めていた会社があった。工場の敷地内に「太洋工業労働組合事務所（仮称）」と縦長の看板が掲げられた質素な一戸建ての建物があった。ここがかつて「闘う労組」の拠点だったのだ。昭和の匂いのするその労組事務所は、真ん中に会議用の机と椅子が陣取り、それをぐるりと囲むように書棚、コピー機などの事務用品が置かれていた。今やここには、最後の一人の組合員が残るのみだという。その人はこの３月に退職する。その後は「闘う組合員」がいなくなる。だからあと１か月余りで建物は畳まれる運命にある、と尾崎さんは苦笑いしながら言った。

彼は「自分は理屈では考えないのでうまく話せるかどうかわかりませんが……」と言いながら椅子に掛け、ゆっくり話しはじめた。

大学進学、そして栄転も蹴る

自分は工業高校を卒業した後、ずっとこの街で仕事中心の生活をしてきました。高校を卒業して、こことは別の会社に就職したんですが、そこではゴム靴の材料の配合の仕事をしていました。８年ほど勤めましたが、子会社に出向することになり、その子会社が身売りすることになったので嫌になってやめました。

自分のオヤジというのは首都圏にある商科大学の出身で、陸軍の上等兵だった人で、大酒のみでした。小学校のころは、裏に米軍基地があったのでそれを見に行ったりしました。中学も自由でした。いまよりも自由が許された時代です。工業高校に進みましたが、卒業する時、Ｆ大学に特待生として入学しろと父にいわれました。バックに叔父がいて、この人はさる会社の重役クラスなので、自分が大学を出れば就職はどこでもあると言われたのです。でも自分は「工業化学の仕事をしたい」と言ってその話を蹴りました。早く高校を出て家に金を入れなければダメだと思ったからです。母は裁縫をやって稼いでいました。

自分は、人間は学歴ではなく、人柄だと思っています。プライドとか自尊心が薄いんです。大卒の人は理屈を言って、それで相手を負かそうとしますが、その考え方だと職種は狭まると思いました。自分は理屈でものを考えるたちではなく、それよりも海に潜ったり貝を採ったりして遊んでいるほうが楽しいですから……。

そして尾崎さんは大学進学を蹴った。

ゴム靴を作る会社をやめたあとに勤めたのがこの太洋工業です。ここはもともとユニオンショップ協定がありました。だから当然のことのようにその労組に入りました。この組合は当時「第一組合」、つまり闘う組合だったのです。それが１９８７年ごろだったと思いますが、会社は水面下で「第二組合」、要するに御用組合ですね、これを作る工作をしていたんです。そのころ「闘う組合」は製品の出荷拒否をやったので、会社は危機感を強めていたんです。

自分は88年に「闘う組合」の執行委員になりました。執行委員になったのは労働組合の組織を立て直したかったからです。そういうと格好いいけど本当は執行委員の穴埋めだったので、労組への思い入れはそれほど強くありませんでした。

そんな時、会社から「東京勤務の一人がやめたので、その後釜になってくれ」と言われました。普通だったら受けると思います。でも事前になんの打診もなく、自分の家庭の事情も聞かずに言ってきたので、ムカッと来ました。それで「考えさせてくれ」と答えました。

会社は自分が返事をしないうちに辞令を公表しました。さらに工場長を通して「尾崎はこの工場の人間ではない、東京の人間である」と言ってきたんです。しかし、自分は「この工場の人間だからここで働く」と、それまでと同じように出勤しました。だけど、出勤しても仕事をやらせてもらえませんでした。工場の掃除や草むしりをして毎日を過ごしました。

その年、自分にはボーナスが出ませんでした。それで総務部長のところに行くと、実際はボーナスは支給されていたんです。そんなことがあったので、自分は会社に対して余計へそを曲げました。会社としては「尾崎は会社で必要な人間だ。だから転勤させるのだ。それなのに行かないのは会社に対して非協力的だ」というのが言い分でした。「尾崎はゴムを扱える技術屋だから余人に代えがたい」と褒め殺しのようなことも言われました。

尾崎さんは大学進学に続いて「栄転」も蹴った。当時であれば、妻に家事と育児、介護を任せて勇んで転勤するのがふつうだっただろう。彼の話は続いた。

裁判に踏み切ろうとしたとき、合化労連などの組合員が来て、話し合いをしました。「会社の命令通り東京に行ったほうがいいのでは」と言われたりしました。「以前と違って法廷に出たら五分五分だから」という理由でした。でも、自分は「この場に残って裁判をやります」と答えました。五分五分でもよいと思って裁判に踏み切りました。

会社は自分とは別に4人を不当解雇しました。最初は自分を含めた5人で地方労働委員会（労働を専門に扱う裁判所）にあげました。その結果、2人が勝って現場にヒラとして残りましたが、自分は「業務命令拒否」という理由で負けました。自分を含めた3人が不当解雇になりました。3人は土建会社でアルバイトをして、稼いだお金は労組に入れ、労組から生活費と健康保険費や組合費を出してもらいました。国民年金は自分たちでなんとかしました。

ここまで話すと尾崎さんはちょっと寂しそうに下を向きながら、しかし淡々と言った。

自分の家庭は母親が80歳を超え、そのうえ心臓が悪かったんです。子どもの進学問題もありました。それを全部妻に負わせるのは自分にはできないと思いました。そういう理由がなかったら、東京に転勤していたと思います。

家族向かって「自分についてこい」などと言いたくなかったのです。行くのなら単身赴任になります。妻の眼の届かないところで遊ぶのもいいかなと思ったりしました。だけど、会社のやり方はあまりにも自分をバカにしている。転勤命令を出すにしても、打診があってしかるべきなのにそれがない。駒のように人間を扱っている、だから蹴ったのです。

自分たち3人の裁判は結局、最高裁まで行きました。14年かかりました。その結果、他の2人は職場復帰できたのですが、自分だけは負けて職場を去ることになりました。

自分だけ負けたのは、勝つための努力をしなかったからだと思っています。とにかく、弁護士に任せきりでしたから。地裁、高裁と進みましたが、書面だけのやり取りでした。東京には一度も行っていません。弁護士が書いた通りの書類を出すだけでした。負けた時「やっぱり負けたんだ」と思いました。五分五分だと言われていたし、最初から自分にも非があったこともわかっていました。そのせいか、大きな衝撃はありませんでした。

職場を去り、他の仕事で生計を立てました。この間、労組から援助をもらって、電気工事師、小型建設機械、高所作業車などの資格を取りました。そのうちアルバイトをしていた土建会社がつぶれたので清掃会社に勤めることにしました。準社員という身分で、昇給なし、退職金なしです。ここには定年の65歳まで、10年勤めました。こんなことを言うと負け惜しみだと思われるかもしれませんが、製造会社よりも清掃業のほうが面白かったです。目地が汚れているところがあると、どんなふうに取ればいいかをいろいろ考えてみたり、ワックスを塗った後に長持ちさせる方法などを研究したりしました。顧客との信頼関係もできて面白かったです。65歳になったとき、時給が1300円から900円に下がったのでやめました。その頃は夫婦二人になっていましたから、年金だけでなんとかなると。まあ、女房がよかった、理解があったんですね。「明日は明日でなんとかなる」という考えの人ですから。

フリーターもやったので若い人の気持ちがわかるようになりました。そんな暮らしを苦しいと思ったことはありません。自分は能天気な人間です。神経質なたちだったらうつになっていたと思います。

尾崎さんはここまで一気にしゃべり、ほっと息を吐き、さらにこう言った。

自分は失敗しようが成功しようがどうってことはない、といつも思うんです。解雇されたときも冷めた気持ちがありました。だから「裁判で必ず勝つぞ」という、そこまでの気持ちがなかったのです。「そういう努力はできんなあ」と思っていました。

まだ太洋工業に勤めている時、１９８９年でしたが、Ｐ工業という会社の工場長から呼び出されたことがあります。自分はゴム製品の開発や、それを作るための材料の調合にかけてはちょっとした技術を持っていたからだと思います。工場長から「太洋工業をやめてうちの工場に来てくれんか。そこで金型部門を見てくれんか」といわれました。この話も蹴りました。

尾崎さんは人生の大事な節目や重要な転機となる機会、大学進学、東京転勤、そしてヘッドハンティングも蹴ったのだ。

そのころ太洋工業の労組は会社からずいぶんやられていたので、自分だけ逃げるわけにはいかないと思ったのです。そんな事情からＰ工業の話は誰にもしていません。今初めてしゃべったことです。Ｐ工業が拡大していく中で、さらに事業を拡大するために自分に転職の話を持ちかけたのだと思っています。言ってみればみすみすチャンスを逃したわけですから、俺は変人だな、と思うことがあります。

敗訴の理由

尾崎さんの話が終わり、私は次のような質問をした。

「いまの若者は労働運動に参加しない人が多いけれど、どうしたら関心を持つようになると思いますか？」

「とても難しい質問です。かつての労働者、すでにOBになっている者が何か言っても、若い人は労組には入らないと思います。どうにもならない相談だと思います。労働組合には共産党色が強いというイメージもありますし、だいいち学生運動がダメになっているからね。今の若い人は大学入学前から就職のことを考えて大学を選び、大学に入ると今度は就活を一生懸命やって、人より一歩でもいいところに行きたいと考えていますからね。それで社会に出るとなにも知らないボンボンになります。やっぱり理性で物事を考えるから駄目で、感性でなければ駄目なんです。自分は将棋の駒じゃない、人間なんだという気持ちを持たなくてはと思います」

「理性じゃない、感性だ」と言う尾崎さん。「理性は間違うが、感性は間違わない」という言葉がある。彼は本能的にこのことに気づいていたのではないだろうか。だから世間一般の考えとは違っていても、岐路に立った時、自分の感性を重視し、決断し、行動したのだ。

尾崎さんの裁判は負けだった。だが、結局勝ちを取った。私はそう思い、その事実に強く惹かれた。彼は理論、理性より感性を優先した。世間的にみれば「闘う」ことから降りた、逃げた人と映る。しかし彼は心の底で「苦労がなければ幸せもない」ことがよくわかっていたのではないだろうか。

既成のやり方、考え方に沿ってものを考えず、理性よりも自分の感性を重視する尾崎英夫さん。彼は、敗訴になっても失望しなかったというが、少しは失望したのではないだろうか。しかし負けたとき、同時にほっとしたのではないだろうか。理屈や理論、観念で闘って抵抗しても、本当の安心感は得られないと感じていたのではないだろうか。尾崎さんの気持ちの底には家族があった。家族は人生の中で最も身近な存在だ。家族がバラバラにならず、良好な関係を作ること、それが常に念頭にあった。だから栄転よりも子どもの進学や年老いた母親や妻との関係を重視した。そして世間的には失敗と思われるかもしれない清掃業に転職し、人生を楽しく過ごした。

私はまた、こうも考えた。

尾崎さんは上昇志向を持たず、「身を立て、名をあげる」ことを人生の目標としなかった。それよりも家族という基盤をちゃんと保ちたい、それが暮らしというものだと考えていた。だから栄転よりも家族を優先させた。たとえどんな結果になろうと、生きる基盤さえちゃんとしていればなんとかなると確信していたからに違いない。

多くの勤め人は「身を立て、名をあげる」ことを目標にする。すると自分の家族を犠牲にして働かなければならない。仕事優先の生き方をすると、家族がバラバラになりやすい。一番身近な人間関係は家族なのに、子どもは親が、夫は妻がどのように暮らし、何を考えているのかあまり関心を持たなくなっていく。やがて家族は、偶然知り合った人たちがたまたま一つ屋根に暮らし、同じテーブルを囲んで食事をするだけの関係になりかねない。

多くの場合、尾崎さんの話を聞いたら、人生の階段を踏み外した人と見るだろう。自分の能力を生かせる工場勤務から転職した清掃業を最下層の職業と捉え、プライドを傷つけられたと感じるだろう。だが尾崎さんはそうではなかったのだ。

労働組合の展望

「闘う組合」が集まる集会で、歴戦の勇士の話と同時に、敗訴しても失望しなかった尾崎さんの話を聞いた。闘って勝った例と失敗例、それぞれ個性的な組合員であり、そこで語られたのは崇高な理念に支えられた労組法と、それに基づいた労働運動だった。だが、柏木さん、尾崎さんのいずれも、現代の若者にできる「闘い」ではないと感じた。高度経済成長に後押しされた80年代半ばまでの労組と、「業務命令権」のもと肥大化していった会社社会のいまとでは、労働者の立場が全く違うからだ。若者は会社に盲従するよりほかないと諦め、自分たちの労働環境にすら無関心になっている。これをなんとかできないものかと、尾崎さんや柏木さんの話を聞きながら思った。同時に、かつての「闘う労組」の勝利体験から、いまの若者にとっての「光」を見出すのは無理ではないかとも思った。

柏木さんは「闘い」に勝ち、尾崎さんは負けたのだが、いずれも会社からの理不尽な抑圧、「業務命令」に抵抗した。いまはもう、労働者が権利侵害された時、裁判に打って出るしか道がなくなっている。つまり最初は会社と団体交渉をする。それがうまくいかない場合、地方労働委員会（地労委）にあげ、それもうまくいかなければさらに中央労働委員会（中労委：東京にある）に持っていく。その後は地方裁判所、高等裁判所、そして最高裁判所と順を追って闘うやり方だ。

１９７０年代までは、地労委が労働問題の最高機関として機能していた。だがその後、地労委、中労委での裁判で労働者が負けるようになり、結局、労働争議は最高裁判所が最高決定権を持つようになった（判例法理という）。これによって、雇用にかかわる権利主張を労働者はできないに等しくなった。それればかりか「業務命令権」を持つ経営者に従わなければならなくなった。

柏木さんは裁判で勝利したが、職場に復帰しても「業務命令」により草むしりの仕事しか与えられなかった。この実態をもって本当に「勝利した」といえるだろうか？　しかもこの「勝利」は社会における一つの点でしかない。点が広がって線になり、線が集まって面になり、社会を覆ううねりを作り出さなければ、若者世代に受け継がれる運動にはならないのではないだろうか。

柏木、尾崎両氏の「闘い方」で労働運動が発展するというのは夢物語でしかない。展望が持てない闘い方だからだ。70年代後半以降、経営者は最高裁の判例によって「業務命令権」を確立した。どのような仕事でも「業務命令だ」と言えば、労働者はそれに従わなければならなくなった。労働組合はこの「業務命令」を絶対とする経営者と闘わなければならなくなった。しかし経営者が「業務命令権」を持つ限り「闘う労組」は戻ってこない。「業務命令」の下で労働者が絶対服従する、そういう会社社会が腐敗していくのもまた事実である。イエスマンだけが集まるようになるからだ。

多くの人は毎日せかせかと、労働現場に向かう。会社に急ぐ大衆の群れは無数といってよいほどいるが、多くの顔は陰気で暗く心配事がその顔に刻まれている。これだけの群衆がいても彼らを結び付け、会社に対抗する共通の思いは一つもない。心配事を個人で抱えず、心配事を共有し合いつながり合う、そこに労働組合の大きな意義があるはずだ。

次章では、若者の多くが抱えていると思われる労働に関する悩み、それも「事件」として表立って現れることのない、しかし深刻な悩みの事例を提示し、その事例の奥にある、労働における闇といってよい事柄に迫り、ユニオンはそれにどれほど立ち向かうことができるか、を考えたい。

第6章　手をつなげない私たち

ある女性からの相談

ある日、私は市内のちょっと古いホテルのロビー奥にある喫茶室に向かっていた。ある女性からの相談を聞くためである。私が指定した喫茶室は、事務所を持たない我々ユニオンがいつも使う場所だ。喫茶室はほとんど人気がなく、コーヒー代も300円と相談にはうってつけの場所なのだ。待っていたのは吉本さん（仮名、39歳）だ。声をかけると女性はすっくと立ちあがり、一礼して「吉本です。この度はよろしくお願いします」と答えた。彼女には明確な労働問題、事件があるわけではなく、待遇や働き方そのものに対する漠然とした相談、職場での不安や不満が語り切れないほどあるようだった。

「私は首都圏にある外資系の会社に勤めて10年近くになります。フランスに留学して、帰国後、就活しました。私、就職氷河期世代なので、大学卒業時に就職できなかったのです。30社くらい受けましたが、どこも不採用でした。それで留学し、帰国後ようやく今の会社に採用されたときはほっとしました。本社はフランス、私は出先機関である日本支社勤務です。正社員だけど本社の直接雇用ではありません。想像以上に賃金が安い、住宅手当は出ない、交通費はいくらかかっても月1万円まで。ボーナス、昇給もない。最初は一人暮らしをしていたけど住宅費、生活費を出すと、自宅から新幹線で通うほうがまだ安くつく。定期代が8

万円かかるから7万円は自己負担です。賃金アップを何度も申し入れしましたが、ダメでした。フランス資本なので有給とか休みもちゃんとあるし、週35時間労働など福利厚生面はいいのです。ここまで聞いていただいて、たぶん、私の話は単なる愚痴で『そんなのぜいたくな悩みだよ』って言われると思います。自分でもわかっているんです」

ここまで話すと吉本さんは肩を落として言った。

「最近、私はクビになるかもしれない、と思うようになったんです。ただ、これといった根拠があるわけではないのです。強迫観念なのかもしれません。でも、思い当たることはあります。会社の同僚、50代半ばの技術系の社員ですが、この人は大した理由もなく、仕事で失敗をしたわけでもないのに閑職に追いやられています。彼はフランス人の社長から、年下のフランス人の部下になるか別の会社に移るかどちらか選べと言われたそうです。彼は退職を選びました。次の仕事を見つけるまで給料を払ってやるから会社に来なくてもいい、と言われたそうです。彼は他社の面接を受けまくっています。これって退職勧奨ですよね。この社員を見て、いずれ私もそうなるんじゃないかと思って、毎日が不安なんです」。私はそこまで聞いて口をはさんだ。

「理由もなく一人の人間を解雇するなんてありえないことじゃないですか」

するとと吉本さんは語気を強めて言った。

「そのありえないことが、起きているのが今の会社社会なんです」

私はつい彼女に言ってしまった。

「そういう不安を解消したかったら、会社内でユニオンを作るのが一番いい方法だと思いますよ。日本にはまだ労働組合法っていうのがあって、労働者の団結権や交渉権が保障されていますから。一人じゃ闘えないけど、何人かが団結すれば……」

そこまで言うと、吉本さんは少し強い口調になってこう言った。

「ユニオン？　そんなもの作るなんて絶対にイヤです。作ってもなんの意味もないからです。解雇されないためには、会社で必要な人間になることです。そのためには大きな資格を取って頑張ったほうがよほどいいんです」

この断定的な言い方に私は聞き返した。

「法律が認めているユニオンがなぜダメだと思うのですか？」

「いまの若い人は上には絶対に抵抗なんかしない。上の言うとおりにする。そうして自分にとっていい位置とお金を確保するしかない、そう考えているんです」

世間を、今の会社を知らないのは、たぶん年配者の私のほうだと思った。

フランスの労働者意識

ユニオンに相談に来ながらユニオンを忌避する吉本さん。彼女が言うように多くの若者は上に逆らわず、上が嫌がることは言わないようにする。そうして自分の居やすい位置とお金を確保して、そのお金で好きなことをやればいい。それはいまの世の中では当たり前かもしれない。そのような処世術を私はふがいないと思いながら、一方ではその考え方を認めさえしていた。私自身、何度かフランスに旅行した経験から思い起こすことがある。

2000年代、フランスではよくストがあった。ストに対するフランス人の反応は「けしからん」という人もいたけれど、「労働者の当たり前の権利なんだ。理不尽なことには抵抗しなければ」と考える人も多いと聞いた。8年もフランスにいた吉本さんならそのことを知っているだろうし、なんらかの形で経験しているかもしれない。日本でその経験を生かすことはできないのだろうか。

私がこの疑問を吉本さんに問うと、彼女はさらっと答えた。

「日本とフランスではまったく違うんです。それに、会社と揉めるよりも、私くらいのキャリアだったらもっといい条件の会社があるはずなんです」

「確かにいま、この国では労働者の権利などあってもないと同じようなものです。でも給料が安いとか昇給がないのであれば、あなたが言うとおり転職という選択もあるでしょう？」

吉本さんの言い分は明らかに矛盾があったが、彼女はこう答えた。

「転職にはリスクがあるんです。だけど、いまの会社で私は存在価値が低い。そう見られているように感じるんです。会社で必要とされる人材になるには、大きな資格を取る必要があると思うんです。他の会社に移ってもそうだと思います」

彼女は「大きな資格」という言葉を二度口にし、話題が退職金や年金、そして将来のことになると口を閉ざした。

多くの親はより高い学歴がよりよい就職先と安定した暮らしを保障すると考える。だからよかれと思って留学させる。ただ、世の中に出るといいことずくめではない。彼女の親世代、つまり私も含めた団塊世代より上の人は働きさえすれば給料が毎年増え、定年まで働けば退職金と年金を手にできた。それが当たり前だと信じていた。しかしそれは過去の話でしかない。いま、解雇不安を味わうことなく勤め上げるのは難しい。賃金闘争などをすることなく無事働いてきた私たちの世代には理解できない状況になっている。

多くの人にとって、賃金労働は人生のうちで最も多くの時間とエネルギーを費やすものだ。だが、労働の内実がかつてはと大きく違ってきている。しかもどこかおかしな方向に向かっている。

やっぱり資格は必要？

２０１８年、世の中はインフルエンザの大流行ではじまった。騒ぎが収まりかけたある日の夕刻、吉本さんから電話があった。「以前聞いていただいた話は、全体の半分以下なんです。続きを聞いていただき、アドバイスをいただきたいのです」という。

私はユニオンのメンバーと相談した。日時を決め、私と堀川さん（仮名、72歳）の二人でいつもの喫茶店で会うことにした。堀川さんは元市議会議員である。

堀川さんは吉本さんの前に座るといきなりこう言った。

「それにしてもあんたはどうしてフランスなんかに行ったんだね。アメリカとかイギリスとか、英語圏の国はいくつもあるだろう。そっちのほうが就職口だっていっぱいあるだろうに」

「はい、それは親にも言われました。でも、私はどうしてもフランスに行きたかったのです」と吉本さんは答えた。

そこで私は「どうしてフランスで就職しなかったの？」と質問した。

「労働ビザが取れなかったからです。フランスで労働ビザを取る方法は二つです。一つはフランス人と結婚すること、もう一つは起業することなんです」

私たちはなるほど、と納得し、堀川さんが話を進めた。

「それで、まだ話したいってなんなの？」

「いまの会社に就職して5年ほど経ったころ、私は社会保険労務士（以下、社労士と記述）を目指し、資格取得の勉強をはじめました。昨年まで5回挑戦しました。かなりの時間とエネルギーを費やしたつもりなんですけど、合格できませんでした。

前にも言いましたが、いまの会社で生き残るには大きな資格が必要だと考えたからです。会社で存在価値を示し、いてもらわなければ困る人材になる。そのためには資格が必須だと思ったのです。会社で安定した位置を獲得したい。それはクビを回避することでもあります。社労士の資格があれば、会社で外注している業務をこなすことができる、賃金アップにもつながると思いました」

堀川さんが言った。

「このユニオンの労働相談でもね、危険物取り扱いやフォークリフトといった資格取得が雇用と賃金を左右することが多いんだよ。資格給の賃金に占める割合が異常に大きい会社もあった。だからあんたが社労士資格にかける熱意はよくわかる」

「でも、今年も受かりませんでした。不合格がわかったとき、試験を受けるのは今年で終わりにしようと決めました。ネットで検索して今よりもっといい条件の就職口を探しました。

それからもっと考え方を変えようと思ったのです。もともとフランス語を生かす仕事に就きたかったので、フランス語の通訳案内士という仕事をはじめようと考えています」

転職ではなく、職種を変えたい、それがいいかどうか迷っていると言うのだ。これはもはや労働問題というよりライフコース設計の問題だ。だが、彼女の中で両者は絡み合っている。

吉本さんは１９７８年生まれだという。このころから、この国ではそれまで育ってきた労働組合を本格的につぶすようになった。高度経済成長のころまで労使関係がまずまずだった会社も、組合つぶしをはじめた。いま、労働相談を通して若者の働き方（働かせられ方）を見聞きすると、あまりにもひどい事例が多い。私はそれまではどこか他人事のように考えていた。だが、吉本さんのように正社員であっても、パワハラやセクハラ、法令違反などのはっきりとした理由がなくても、「クビになるかもしれない」という不安を抱えながら働くなら、仕事は苦行になっていく。早く安定雇用になりたいと思うのは当然だ。

保育料は要求しない

吉本さんはさらに会社の話を続けた。

「私の職場に谷田さん（仮名、33歳）という同僚がいるんです。彼女は唯一女性の同僚です。英語が堪能で事務もできる人なのですが、彼女を見ていると大変な暮らしなんだと思うのです。夫が非正規雇用、というよりアルバイトなのだそうです。収入は不安定で彼女より低賃金なんだそうです。3歳になる男の子がいるのですが、夫は保育園の送り迎えもしないとこぼしています。家事もまったくしない、というよりできないらしいんです。彼女は保育園の送り迎えがあるからフルタイムでは働けない。それで短時間の時間給勤務を選んでいます。お給料は私よりも少ない。それなのに一家の大黒柱なんです」

「夫はあてにしていない、あてにできないということなんだよね」。堀川さんが確認するように言った。

「そうです。彼女は保育園のお迎えがあるから、仕事が残っていても4時には会社を出なくてはいけないのです。保育園は公立だけど、お迎え時間に1分でも遅れると1時間遅れたのと同じ800円を取るのが決まりになっているそうです。実際、仕事が時間どおりに終わるわけじゃないから、4時をすぎても終わらないことがあります。そんな時、延長の保育料を彼女は自分で負担しています。彼女は決められた時間内で決められた給料をもらっている、実働5時間の契約なのでそれ以上働いても賃金は出ません。私は彼女に、会社に延長保育料の800円を要求するか、そうでなければきっちり5時間で帰ったほうがいいよ、と言いました。だけど彼女は決してそうはしません。会社にお金の要求はしないんです。私の手取りよりもずっと少ないのに、それで子どもと夫を支えているのに。思うのですが、彼女は何度も転職経験があるんです。だから、やっと就職した今の会社を大事にしたいんじゃないかと。だから会社に逆らわないのだと」

「それは小さいことかもしれないけど、重要なことですね。だけど声に出さないだけで、谷田さんのような立場で働いている女性は世の中には沢山いると思うよ」

私の言葉に吉本さんは黙って頷いた。

「延長保育料を負担する谷田さんは気の毒だと思うのですが、やっぱり私には理解できないのです。８００円はきちんと請求するべきだと思います。上に逆らわないほうがいいという谷田さんの言い分はわかります。それよりも私は、会社にたった二人しかいない女性同士で、そのことがおかしいと共有できないことがつらいんです。彼女はそれを問題にしていない。だからどうにもならない。たぶんこれからどの会社に転職してもこの問題は同じじゃないかと思うんです。そのことが引っかかって……」

ここまで吉本さんが話したとき、私はまたもや持論を言ってしまった。

「谷田さんのためにもあなた自身のためにも、会社のなかで一人でも二人でもいいから話をしてユニオンを作ることはできないの？」

また「ユニオン」を口にしてしまったのである。吉本さんはじめ、若者にとってユニオンは選択肢にない。だからこの言葉は禁句に近い。

「あなたはユニオンに反対するけれど、労組法は優れた法律で、いまももちろん使える。一人ではダメでも何人かが思いを同じにして組合を作れば大きな力になる。会社に対して賃上げを要求するとか、労働環境をよくするとか要求ができる……」

ここまで言うと、吉本さんは再び反論した。

「今の若い人はユニオンのユの字も知らないんです。そもそもユニオンってなんですか?って思っている。労働組合法なんて関係なく生きているんです。会社と摩擦を起こすことはわかっているから、そういう話題は避けているんです。会社っていうところは、自分で自分を守らなければならないところです。上から睨まれないようにする、おかしいと思ってもそれを言わない。なんでもハイハイと言うことを聞く、そうやってみんな賢く生きるしかない。それが会社なんです。みんな自分の暮らしが最優先なんです。他人のためにユニオンを作るなんてあり得ないんです。もし私が作ろうって言っても誰も振り向かないと思います。無視されるだけです。もちろん、それでいいと思っているわけではないんです。それ以前に、今の会社は社員同士ヨコのつながりがほとんどないのです。タテにしかつながっていないのです」

彼女の話を聞いた堀川さんが驚いたように言った。

「あんたも谷田さんも、もし労組法という法律のことを知っていて、会社に異議を申し立てできる状況でも、会社を働きやすくしようとは考えないんだよね。800円の保育料を会社に要求するということは、ユニオン的行為になってしまう。すると会社からにらまれる。谷田さんもあなたもそのことを恐れているんだね」

「そうです。理不尽でも、黙って会社の言うとおりにするのが賢いやり方だっていうことがわかっているから行動しないんです」

谷田さん、吉本さん、そして会社の若い人たちはみんなユニオン的な社員にならない、なってはいけないという意識をいつのまにか身につけている、あるいは刷り込まれている。それがこの国の資本主義を支えている。

クビにはならない人

吉本さんの話は続いた。

「私が会社のグチを言うと谷田さんは必ず、『会社のグチを言っても仕方がないですよ。なんでも従ったほうがいいんじゃないですか』と言うんです。彼女は決してグチを言いません。賃金さえもらえれば、食べてさえいかれればそれでいいと考えている。でも私は、何かあるとすぐに、これはおかしい、と言ってしまう。ユニオンという言葉は口に出したことはないんですが、会社からは反抗的だと思われているらしく、社長に目をつけられているんです。だけど、私は谷田さんのことは悪く思っていません。ほとんどの人が彼女の生き方や意見に同意すると思います。彼女の意見が若い人の基本なのです。こういう人はクビにはならない。私のようにグチを言ったり会社に対しておかしいと言ったりする人が、クビになる危ない人なのです。今の若い人は、自分に必要な情報だけを集めて、あとはパンとお金だけが必要と考えるんです。仕事に対しては感情を入れずにマシーンになる。マシーンになるだけではつらいから、一方では自分を甘やかし、自分を可愛がって、時には癒してやる。自分で自分を癒してやらなければ、誰も癒してなんかくれないですから」

吉本さんは一息つくとさらに言った。

「いま、この国で職を失うのは不安です。生活にゆとりがないと感じる若者は多いと思います。ゆとりがないからやる気を見つけづらくなって、自己肯定できない若者が増えているとどこかに書いてありました。だから自分の暮らしのことだけを考え、最優先する。自分第一主義になる。ユニオンを作ったり、会社をよくしたりしたいという方向で考えないんです」

吉本さんは自分が想定していた働き方と実態とが乖離しており、その乖離に周囲の社員が何も関心を持たず、おかしいとも言わないこと。そういう社員を否定できないにしても、やっぱりおかしいと感じている。だから吉本さんは私たちユニオンに「相談」に来た。しかし、当の吉本さんも、問題解決のためにユニオンが有効だという認識はない。たとえユニオンでなくても、会社と交渉するためにはなんらかのアクションを起こさなければならない。しかし、彼女はグチを言うくらいで、なんのアクションも起こしていないし、起こそうと考えていない。

「ユニオン的メンタル」を持つということ

吉本さんはクビになるかもしれないという不安を抱え、会社に多くの不満を持っている。しかし、労働環境をよくするための方策をまったくといっていいほど持っていないし、アクションを起こそうとも考えない。これがいまの働く若者の典型ではないだろうか。

それにしてもここまで考えているのに、吉本さんはどうしてなんのアクションも起こさないのだろうか？

私は、労働運動が盛んだったころのことが書かれた『組合潰しと闘いぬいた労働者たち・化学産業複数組合連絡会議30年の軌跡』（２００１）という本のことを思い出した。すると意外なことに気がついた。労働運動が活発だったころの話なのに、吉本さんが言っているいまの若者の話とつながっていたからだ。

何がどうつながっているのか、それは次のような点だ。

高度経済成長時代の初めのころ、儲かっている会社は労使関係が安定していた。安定していた期間は１９７０年代に入るくらいまでだ。そのあと、つまり70年代以降、労使関係について話し合いだけで解決しない会社が増えていった。会社は労働組合つぶしを盛んにやるようになった。それが激しくなったのが１９７０年代半ば過ぎのことだ。

会社がどんなことをやったかというと、賃金体系を改悪して、資格給、職能給を導入した。さらに労働組合つぶしがどうしたらうまくいくかを研究した。その本には社員の言動をよく見て、彼らを分析、分類すると書かれていた。

ある会社の例だが、会社が目をつけたのはユニオンで活動している社員よりも、ふつうのまじめに働く社員のほうだ。社員を観察して三つの層に分けた。一つはユニオンの活動家、二つ目はいわゆる良識派。この二つのグループは社員全体の２割程度だと把握した。残る８割を占める社員を中間層と名づけた。

ここでいう中間層はどのような人を指すかというと、以下の特徴を持っている人だ。

仕事はきちんとする。自分に関心のある問題にはとても常識的な態度を取る。目先のことやまわりのことに敏感である。だけど政治とか自分に関係のないと思うことには無関心。当時の会社側はこの中間層を「寄らば大樹の陰」「体制順応型」「右が強いときは右に、左が強いときは左に振れる人間」だと分析した。この会社側の分析は鋭い。なぜならこのような中間層を放っておくと活動家のほうを向いてしまう。会社は、活動家のほうを向かないうちに彼らを掌握する必要があると判断し、実行した。

どうやって中間層を把握したか、それが問題だ。労働者のほとんどは自分たちに労組法に書かれている権利があることを知らない。たとえ知っていたとしても、会社のやり方におかしいと言えば自分の立場が悪くなる、だから口にしない。一方、会社に従順な社員は取り立てられる。そのような社風に社員をなじませることによって、中間層を取り込んでいったのではないか。

いまの若者世代は、会社が何もしなくても「保育料は要求しません」と自分から進んで言うようになった。70年代後半の会社の研究は先を見通していたということになる。強い活動家や強い組合をつぶすよりも、まずは中間層を取り込む。この作戦はなるほど、と納得する。いま、就活をする学生の気持ちの中にそれがちゃんと根付いている。下手に意思表示をしたり行動したりすると、内定が取れなくなっていることを学生は心得ているからだ。

働く者同士、なぜ手を繋げないのか

私がこれらのことを吉本さんにかいつまんで話した。

「とても参考になる話です。会社では絶対に話せないことだし……。私、こういう話を前から一度ちゃんとしたかったのです」

「そう思うならもう少し話を続けましょうか」

「実は会社のことでまだまだ気になることがあるんです。私よりも少し若い、中井さんという男性の同僚がいます。彼は4回くらい転職経験があるんですが、男だし営業が仕事だから私よりも給料が高い状態で採用されています。それは仕方ないとして、ここ数年、社員の中で彼だけ賃金が上がって、他は誰も上がらないのです。私は会社の経理を担当しているから、誰がいくらもらっているのかがわかってしまいます。そんな立場も嫌なんですけれど、それぞれの社員の賃金が違う根拠がわからないのです。それから、社員同士で少しでも摩擦を起こすと減給になるということがわかったのです。

ある時社長に『なぜ中井さんだけが昇給するんですか？』って聞いたんです。すると社長は『彼は営業だからね。会社っていうのは営業が仕事を取ってきてはじまるものなんだ。賃金を上げたかったらあなたも営業になれば』と言うのです。社長は社員の何倍もの賃金をもらっています。昇給もしています。出張費も細かな買い物まで請求してくる。中井さんは中井さんで、自分だけ給料が上がればいいと考えています。会社はお金で人を押さえつける、そういうところだと思いました」

「賃金体系がないのは驚きだ。たぶん就業規則もないんだろう？」

堀川さんがそう言うと、吉本さんは頷いた。

「そうなんです。でもやっぱり人間って賃金だけじゃないと思うんです。幸福で安穏な暮らしも大事です。だけど、会社の社員でいると本当の自由がないように思えるのです。人間が持っている自由というものを捨ててしまわないと会社で働き続けることは難しい。これはどうしようもない現実なんでしょうか？　やっぱりそれはおかしいんだと。本当はみんなどこかでその思いを共有したいと考えているんじゃないか、そう思うんです。でも現実には、社員同士がつながるのは難しい。みんな心の底では自分だけトクすればいいって思っていますから。それに、仮にユニオンを作っても団結していくのは難しいと思います。会社は給料に差をつけて切り崩してくるでしょうし」

吉本さんの話を聞いて、企業で働いたことのない私は、資本主義はなんと罪深いものかと思った。

堀川さんが言った。

「あなたと中井さんの給料が倍近く違うのは、営業か経理かという職種の問題でもなければ、能力や実力の問題でもないってことだね。本当のところは社員同士仲良くさせないために、隣の社員との賃金格差を作る。俺はユニオンで労働相談を受けていて、ずっと不思議に思っていたことがあるんだよ。なぜ会社は生産性を無視してまで、こんな働かせ方をするのだろうか、無駄な経営をするのだろうかということなんだ。俺はずっと資本主義は生産性を第一にするものと思っていた。

だけど、吉本さんの話を聞いてわかってきたよ。会社は生産性をあげるか、経営のしやすさを取るかというとき、生産性が落ちても経営のしやすさを取る、そのためにはなんでもいうことを聞く社員を作る、ということなんだ。そのためにもユニオンを作らせない、なんとしても阻止しようとする。それもこれも従順な社員ばかりにして経営をしやすくするためなんだ。生産性を無視してまでもそうしたい。資本はそこまで考えているってことだね。つまり会社はユニオンよりやり方が上手なんだよ」

「いまの職場では、会社へのグチというものが存在しないことになっているんです。みんな言わないし、話し合わない。社長から残業してくれと言われれば、まあ、少しくらいならいいか、休日出勤してくれと言われれば、それも仕方がないか、と思っている。このくらいの残業だったら法的にもアウトじゃないから、と思うのです。従順にならなければ会社からにらまれてクビになるかもしれない。でも従順になると、文句を言わない人間だとみなされて会社からいいように使われる。どっちを取るかなんですが、みんな保身のために従順になるほうを選ぶんです。

谷田さんの場合は、生活を守るためにそうせざるを得ないのはわかります。だから、彼女のやり方がダメだなんて思わない。だけど私は彼女のようにはできない。結局、社員同士つながれない。みんなのためになることが結局自分のためになるという思いを持つのは無理なんです。だから私には団結するという意味がわからないのです」

「団結の意味がわからない」という言葉に私はぎくりとした。

ユニオンのいう団結とはいったいなんだろう？　実際、ユニオンを作って団結しても労働者はトクにならないどころか、給料は下げられ、会社からにらまれ、人間関係は崩れ、挙句、うつになったりする。うつになる社員が増えれば会社の生産性は落ちて社内は荒廃する。

「団結、ガンバロウ」は観念に過ぎないのではないだろうか。団結で空腹を満たすことはできない。そこにいくと給料は実利だ。お金を得れば満腹になれる。昇給はもっとわかりやすい。他人より自分が優位だと示せるからだ。そういう社会で、誰もが自分第一主義に向かうのをどうして止めることができるだろう。

不自由でも定期的に給料の入る安穏な暮らし、幸福で落ち着いた生活が大事なのだ。

第２回目の吉本さんとの面談で、若者同士がなぜ手をつなげないのか、なぜユニオンに振り向かないのか、答えの一端が見えたように思った。

第7章　やめる権利

老弁護士の講演会

吉本さんとの面談からほどなく、私は静岡市内でユニオンネットワークが企画する講演会に出かけた。三島ふれあいユニオンからは堀川さんと副委員長の中原さん（75歳、仮名）も一緒だった。会場に着いた時すでに場内は50人を超える人が集まり熱気に包まれていた。講師は斉田昭（79歳、仮名）という弁護士だった。司会者は「斉田昭氏は労働問題一筋に取り組んでこられた弁護士で、戦前からのマルクス主義はもちろん、戦後のユニオンの闘い、そして現在にわたるまでをカバーする労働問題の生き字引です。ご自身を労働屋と呼んでいます」と紹介した。

演壇に立った斉田氏は物静かな学者肌の人に思われた。細面でしわが刻まれた額は広く、髪もほとんど白かった。彼の第一声はこうだった。

「私は労働問題一筋でして、これを生涯の仕事としてきました。この道に足を踏み入れて以来、ユニオンをとても愛するようになりました。労働組合運動とはとてもよいものだと思っています。でも、現在組織率は低迷し、労組は縮小しています。私たちは労働組合が負けていることを真摯に受け止め、そのうえで労働組合の再生、発展を考えなければならないと思っています」

場内は一瞬ざわめき、その後小さな拍手が起こった。以下は斉田氏の講演の要旨である。強い印象を受けたのは、労働組合の成果と存在を大きく評価しながらも、一方でユニオンに対して歯に衣を着せない厳しい批判をした点だ。

昨今は、大学生の就活が話題になっています。調べてみると１９５２年までは入社試験を早期にすると学業がおろそかになる、だから卒業後に行うという経団連による紳士協定ないしは就職協定があったのです。けれどそのうちに大学３年くらいから「就活」をするようになります。キャリア教育が言われるようになり、労働組合で「闘う」ことは教えなくなりました。その後労働組合つぶしがはじまります。とてもひどいやり方でした。例えば「独房監禁」というやり方がありました。仕事において腕がたち、職人的精神を誇りにしている労働者を、独房に一人で座らせ、仕事を与えずさらし者にするというものです。会社を批判し、逆らうとどうなるか職場労働者全員の見せしめにしたのです。逆らえば彼と同じ扱いを受ける、だから命令通りにする、というように労働者が変質していったのです。同時に労働に関する法律体系が労働者にとってなんのプラスにもならないように書き換えられていったのです。

敗戦後、日本ではようやく労働者の権利が保障されるようになり、労働組合活動が盛んになりました。しかし、間もなくはじまった労働組合つぶしで労働運動は大きな打撃を受けました。皆さんの中には労働組合つぶしの歴史をご存知ない方が多いかもしれません。それは日本独特のやり方ですが、たとえば独房監禁の他に、闘う組合員を一人真ん中に立たせ、その周りをぐるりと他の社員が取り囲み、罵声を浴びせるなどというやり方です。これは日本の戦後史の中で、日本の文化までつぶしたという点で、とても大きなことだと私は考えています。

労働組合がつぶされた後、どういう社会になっていくのか誰も知りませんでした。国労（国鉄労働組合）が最後まで残った砦でしたが、それもつぶされてJRになりました（もちろん国労は今でもあります）。その後、労働組合の力が実に乏しい社会が実現していきます。使用者側の立場が絶対的になり、会社の倫理というものが崩れていった、そういう社会なのです。

ブラック企業という言葉があります。厚労省の「ブラック企業調査」によりますと、全国5000以上の企業を調査した結果、若者に過重労働が蔓延し、過労死ラインという100時間以上の残業を課すなど法令違反が82％にも上ったと報告されています。しかし厚労省は大学生に向けて「早いうちから幅広い視野を持って就活すること」と就活を奨励しているのです。

私はこれまでいくつもの労働相談を受けてまいりましたが、2010年代から増えている相談内容が「やめさせてくれない」というものです。これまではあまりなかった相談ですが、大学生のアルバイトですらなかなかやめさせてくれない、大学での試験が目前に迫っていても、店長から出勤催促の電話がかかってくるというのです。

このような状況で、労働組合にとって「闘う」とは裁判をして勝つということになりました。裁判でしか「闘う」道が残されなくなったのです。それまでは団体交渉や、ストライキ、社屋にビラを貼る、同業種の労組が応援に来るなど、幅広い運動を展開して要求を通してきました。しかその後〝会社は施設管理権を持つ〟という最高裁の判例が確立すると、社屋にビラを貼ることはできなくなり、会社は服装にまで業務命令権を発動できるよう法律が変えられていきました。言い換えれば法律に書かれている最低のことを守らせるのが闘いになったのです。このような闘い方では、労働組合の展望は開けないと私は思います。

労働組合の活動をされている皆さんに言うのはいかがかとも思いますが、「団結」すれば必ず勝利するというのは、労働組合にまだ力があった時代の話です。いまや労働組合の力は落ちています。なのに多くの労働組合は相変わらず「団結、ガンバロウ」のスローガンのもとで活動しています。このスローガンのもとで闘っても労働組合は発展しません。社会全体の根底にきちんとした思想がなくなっているいま、なにが必要かと言えば、働いている人の生活を充実させる思想なのです。それがなければ労働組合の再生はできないと私は考えます。

講演が終わって質疑応答に入った。二人が挙手した。そのうちの一人は私である。

「やめさせてくれない、というのはどのようなことなのでしょうか。また、なぜこの相談が増えているのでしょうか？」

老弁護士は柔和な表情で質問に答えてくれた。

「これはいうなれば〝究極のパワハラ〟です。勤務している職場をやめるというのは労働者にとって最後の、そして最大の権利なのです。その権利すら労働者から奪う、どのようなことかというと、労働者は人間ではない、人間として取り扱わないということを示しています。つまり、今日労働者は無権利状態になっている、ということなのです」

この言葉に私は強い衝撃を受けた。老弁護士はさらに付け加えて言った。

「日本のように完膚なきまでに労働組合をつぶすのは、日本が後発型の資本主義国であることが理由のひとつです。そして懲戒権、つまり誰かに懲罰を課すことができるのは国家だけです。それを経営側が社員にやるようになったのです」

いまの会社のありようが社会の基本であると考える若者は多い。しかしそうではない。いまの会社、そして就活の考え方が社会を変容させたのだ。ここが肝要な点だ。

三度目の面談

帰途の車中で私の携帯が鳴った。デッキで電話を取ると、電話の主は吉本さんだった。切羽詰まった口調で「お話したいことがあります。今日、いまからお目にかかれないでしょうか？」と言う。私は〈何かあったのだ〉と予感した。「1時間後くらいならいつもの喫茶室でお会いできますよ」と返事をした。ふれあいユニオンから堀川さんと中原さんも同行してくれることになった。予感は的中したと言ってよいだろう。

喫茶店で挨拶をすると吉本さんはうつむき加減に言った。

「あのう、実は私、会社をやめる決心をしました」

「どうして急に決めたんですか？」

「急にではなく、実は気持ちの中にはここ3か月ほど前からずっとあったのです。ただ、そのことを口にすることができなくて」

私たちは吉本さんの話を詳しく聞いてみることにした。

今日の午後、私は友人とコンサートに行く約束で新横浜に行きました。そこから歩いて10分のところに会社のオフィスがあります。通いはじめて10年になるんだなあと思いながら歩いていると、向こう側から下り列車が近づいてきました。プラットホームに立つと時折〈いま、誰かが私の背中を押したり突き飛ばしたりしたら、確実に線路上に落ちて、間が悪ければ列車に轢かれるだろう〉という妄想にとらわれるんです。その時も、同じ妄想が頭に浮かびました。

私は吸い込まれるように線路わきの柵に近づきもたれかかりました。〈柵に両手をかけて勢いをつけ、飛び超えれば……〉という思いがよぎりました。その時いきなり私の両肩が強い力でつかまれました。「やめなさい！　飛び降りてはいけない！」という男の怒声が耳元で響きました。怒声の主は、私の頭の上でハアハアと荒い息を吐いていました。駅員二人が走ってやってきましたが、怒声の主は「申し訳ありません。でも、たいしたことはないようです。いま連れて帰りますから」と駅員にさかんに謝っていました。駅員が立ち去るのを見届けると男は、私を抱え込むように階段を降り、待合室に私を座らせました。男は私の顔を覗き込むように見ながら言いました。

「あなた、いま、ホームから飛び降りようとしていましたね。僕はあなたの後で電車を降りたのですが、どうもおかしな歩き方をしているなあと思って、ずっと見ていたんです」

私は顔を上げ、声の主を見ました。40歳を少し過ぎたぐらいのその男性は、瀟洒なメガネをかけ、その奥には真剣なまなざしが恐ろしいほど光っていました。私は正直、自殺までを考えていたわけではありませんでした。ただ、下を向きながら「どうもすみません」と小さな声で答えるのが精いっぱいでした。男性は冷静に「心配だったのです。なにか困りごとがおありなんじゃないですか？　立ち入ったことを聞いてすみませんが」と言いました。

「いろいろありがとうございます。ちょっと考えごとをしていたものですから……」

「なんともなければそれでいいのですが」

　男性は慣れた手つきでポケットから名刺入れを取り出し、その中から1枚つまみ出して、私の手に握らせました。

「万が一困りごとがおありのようでしたら、もし私がお役に立てるようなことでしたら、ここにお電話ください。それでは気を付けて」

　そう言うと男性は立ち去りました。私はその名刺を持ったまま、背の高い細身のスーツを着た男性の後ろ姿を眺め、しばらくぼんやりとして動くことができませんでした。

　我に返って待合室を見廻すと、乗客がぽつんぽつんと座っていて、それぞれにスマホを見入っていました。ふと自分の手を見ると、先ほどの男性が握らせてくれた名刺に気が付きました。そこには「弁護士斉田透」と太文字で書かれていました。

「斉田」という名字を聞いて私たち3人は顔を見合わせた。吉本さんは続けて言った。

「私はそれを見ながら、弁護士だから、困りごとがあったら電話をして、と言ったのだと思いました。とてもコンサートどころではないので、友人に謝罪のメールを送り、帰宅しました。車中、ずっと頭に〈退職〉という文字が浮かんでいました。家に帰りついたあと、火の気のない部屋の椅子に座りこんで考えました。

いま、会社の同僚は全員といってよいくらい会社の言いなりになることになんの疑問も持っていない。会社の言いなりになること、従属していくことは人間にとって深刻な問題なのに……。それなのにむしろみんな自発的に、社長の思いを先回りして、忖度して会社に適合していこうとしている。それが会社員として、会社から賃金をもらう身として自然なことだと考えている。だからサービス残業も、パワハラも過労死も気に留めることなく、もちろん抵抗することなくやり過ごして問題も感じない。だけど、私はそんなふうに会社に従属したくない。従属者になって自分の人生、自分の手の中にある時間を会社に差し出すことがやりがいのある仕事だとはとても思えない。私に残された選択は、会社をやめるよりほかはなくなってくる……」

吉本さんの話が終わると、堀川さんが聞いた。

「あんたはやめたいと言ってユニオンに相談した。いまの話だとやめることは決めていて、会社とトラブルを起こさないでやめるにはどうしたらいいか、そのことを聞きたかったのか？」

　中原さんが続けた。

「会社をやめたい、というのはわかりました。だけどね、ユニオンでは会社に従属したくないとかそういったことを議論したってしょうがないんですよ」

　吉本さんは弱々しく答えた。

「ようやくやめようと決心がついたのです。そのことをお伝えしたかったのと、会社と対立しないでやめるにはどうしたらいいかを相談したかったのです」

　その言葉に堀川さんは語気を強めて言った。

「黙ってやめるっていうのはダメだよ、闘わなくちゃ。１銭ももらえずに放り出されることだってあるんだよ」

「もちろん今まで我慢してきた分、お金が取れればいいと思います。だけど、無理ならそれも仕方ありません。それより、あとくされなくやめるやめ方を教えていただきたいのです」

「あとくされのないやめかたとはどういうことなんだ？」

　私は堀川さんの言葉を遮ってこう言った。「彼女はお金が取れなくてもいいからやめたいと言っている。重視すべきは彼女の意志ではないでしょうか」

法律事務所

「じゃあどうすればいいんだい？」

堀川さんの質問に吉本さんは「新横浜で出会った男性にもらった名刺なのですが」と小さな声で言った。

彼女によると、家に帰って斉田法律事務所のホームページを調べた。そこには労働相談も受け付けると書いてあったので、事務所に電話した。誰かに話さずにいられなかった。電話はつながり、用件を伝えると事務員は、労働相談は受け付けている。ただし基本的には電話でなく対面で話を聞くことになっている。月曜日の午後なら大丈夫だから、来るときに電話してほしいとのことだった。

それを聞いて堀川さんが言った。

「なんだ、そこまで話は進んでいるのか。それなら月曜日に、みんなで斉田法律事務所に行って相談に乗ってもらおうじゃないか。もしかしたら斉田さんっていうのは今日の講演の弁護士のところかもしれない。これは偶然だとしてもできすぎている」

月曜日、私たちは４人で斉田法律事務所を訪ねた。事務所はＪＲのＯ駅から徒歩７分ほどのオフィス街のビルの一室にあった。カウンターの奥にあるその部屋にいたのは、果たして斉田昭氏だった。

　斉田氏は「一昨日は私のつたない話を聞いてくださり、感謝しております」と、私たちに屈託のない笑いを浮かべ、吉本さんのほうを向いて言った。

「あなたが新横浜でお会いしたのは、私の息子ですよ」

　吉本さんは「そうだったのですか。お世話になりました」と礼を言うとさっそく用件に入った。

「それで、私、実は弁護士さんに相談に上がるのは初めてなのです。どうぞよろしくお願いします。一つお聞きしたいのですが、相談料はどのようになっていますか？」

「労働相談だけでしたら、ここ何年かは無料でやっています。問題がそれ以上進むときは受付でお聞きください」

「相談のみなら無料」と聞いて吉本さんはほっと息をついた。

「今日は、私が働いている会社の問題ついてどのように考え、動いたらよいのか、それを伺いたいと思って来ました」と言って、自分が勤める会社の概要を話した。交通費がほとんど出ない、ベースアップ、ボーナス、退職金がない、あまりにも賃金が安い。賃金についてははっきりと男女差別をしている。経理を一手にやっているから社員の給料は嫌でも見てしまう。特に2年前、社長が日本人からフランス人に代わり、人事管理が厳しくなり会社に少しでも抵抗するとやめさせられる雰囲気が強まった、この先ずっとやっていくにはストレスがたまりすぎることなどを伝えたうえでこう言った。

「私は事務と経理を一手に担当しているのですが、最近、社長が会計ソフトを変えるように言ってきたのです。それまで使っていたソフトはなんの問題もなく、使い勝手もよかったのに、なぜか会社は新しい、とても高額なソフトに強引に変えてしまったのです。今までのほうがずっといいとどんなに説明してもダメでした。これ以上社長と摩擦を起こせば、私の立場が危うくなるので従いました。些細なことかもしれませんが、こういったやり方がやめる決心をする引き金になりました」

斉田昭はメモを取りながら言った。

「その会社は、表向きはフランス的なリベラリズムを装っていますが、内実は日本のブラック企業に近いですね。会社のやっていることはおそらく合法でしょうが、会社側の意に沿わない社員をやめる方向に追いやるなど、違法な点もうかがえる。それで、あなたはどうしたいのですか？」

「会社をやめたいのです」

「会社にユニオンはないのですね」

「ありません。だからふれあいユニオンの皆さんにこれまでアドバイスいただいてきました」

やめさせてくれない

斉田昭は言った。

「いま、やめたいと言われましたね。最初に厳しいことを言いますが、一定の年齢以上の女性が再就職をするのは大変なことです。もちろん再就職できない、というわけではありませんが、今までのように正社員としてやっていこうとしたら不利になる、それを承知しておいてほしいのです」

「再就職が難しいのはわかっています。でも、あの会社で仕事をするのは限界なんです」

「いま、あなたが言われたこと、つまり会社にユニオンがないというのは重要なことです。なぜなら世の中はますます高度な資本主義になっています。これに歯止めをかけるのがユニオンです。それがないと、労働者はどんどん企業の言いなりに働くようになります。そうすると企業倫理というものが腐敗していきます。これは世の中の流れというものですが、労働者はこの流れにあまりにも無力、鈍感と言ってよいかもしれません。話を伺って思ったのですが、あなたはそういう会社に同調しがたいということですね。私は仕事柄、何百件、いやもっとたくさんの労働相談にかかわり、いろんなケースを見てきました。それらを踏まえたうえで言うのですが、やめた後なにかしらの展望をもっていないと大変です。そのうえでお聞きしますがあなたは、具体的にはどのようにしたいのか、そして私に何を聞きたいのですか?」

「やめたいという気持ちを翻すことはありません。やめた後は、フランス語圏の通訳案内士をやろうと決めています。

もう一つお聞きしたいのですが、3か月前、私の友人がある会社をやめました。ところが彼女がやめたいと言うと、社長は残務が終わるまで離職を認めないと、電話を何度もかけてきたりして、やめさせてくれなかったのです。結局かなりのタダ働きの末ようやくやめることができました。私もやめさせてくれないかもしれません。そうなったとき、どうしたらいいのでしょうか?」

この質問に斉田氏は鋭い目つきで答えた。

「会社をやめたいときにやめる、これは労働者にとって最後に残された最も重要な権利なのです。この最後の権利ともいうべきものを奪う、労働相談の案件でそれが増えています。やめさせてくれないとはどういうことか。労働者をモノとして扱うようになった、労働者は人間ではない、人間であってはいけないということです。人間はモノを考え、主張し、逆らいますからね。人間ではなくただ労働するだけのモノにしたい、思うままに扱える存在にしたいというのが使用者の思惑です。これは労働者が商品化されている極限であり、究極のパワハラです。いまその流れが強くなりつつあります。労働者は感情に流されずにマシーンになるほかない、ということです」

　これを聞いて吉本さんは納得したように頷いた。

「私は会社ともめずにやめたいのです。それにはどうしたらいいでしょうか？」

「そこがとても重要です。私の経験からお答えしましょう。あなたはいまの会社に10年も勤めていた。だから幾ばくかのお金を退職金として要求する権利があります。ですが、お聞きしていると本社はフランスにあって、新横浜の社長の言動から推測すると金銭解決は難しいかもしれません。それはやってみないとわかりません」

「もちろん私もいくらかの退職金は欲しいです。だけどそれよりもトラブルを起こさないでやめることのほうが大事なんです。相手はフランス人なので日本人が考えないような要求をしてくるかもしれませんから」

「そのためにはまず、一日も早く会社にやめたいという意思を伝えることです。ここが肝心です。やめる、やめないという決定権はあなたに、あなただけにあるのであって、それ以外の誰にもないのです。労基法上、14日間事前通告義務という縛りがありますが、それ以外の判断権限はあなたにしかないのです。会社があなたにいろいろな要求や協力要請をしても断ることです」

「わかりました。それを聞いて胸のつかえが下りました」

斉田氏は続けて言った。

「退職したいという意思表示にあわせて退職届を出すことです。意思表示は文書かEメールで伝えるのがいいでしょう。次に離職届をもらうことです。『離職の理由』を『会社都合』にしてもらえば、失業手当の支給が早くなるので、『会社都合』にしてください、と伝えることも大事です。会社は拒否するかもしれません。そうしたら『自己都合』でも仕方ありません」

「まずは退職の意思表示をする、そして離職届をもらう、離職の理由を『会社都合』にしてもらう、ということですね」

「そうです。まずは第一通告をメールで会社に送ってください。最も大事なことはあなたの退職の意志は絶対的なのだということを会社に強く印象付けることです。次の段階は会社の出方を待ってからにしましょう」

ここまでのやりとりで、事務所を訪れる前の吉本さんの暗い表情が少し和らいできた。が、不安と疑問がなくなったわけではない。彼女は明日、会社にメールを出すだろう。だが、果たしてフランス人の社長はメールをきちんと受け止めるだろうか？　フランスの本社はどういう判断をしてくるだろうか？

一方でユニオンの側では、堀川さんと中原さんから「闘わずやめるのは納得できない。退職金を取る権利があるのだから、その権利を主張しなければユニオンに相談した意味がないではないか」という意見が出た。

会社の言い分

その後、吉本さんはふれあいユニオンに会社とのやり取りを逐一メールで知らせてきた。やりとりの流れは以下のようだった。

彼女はまずは第一通告である「退職届」を送信した、翌日、社長のピエールから返信メールがあった。

「吉本さんのメール、驚きました。しかし、このような重大事をメールのやり取りで済ませるわけにはいきません。今日が無理なら明日、会社に来てください」

吉本さんは一度は会社に行かなくてはならないと考えていたので、翌朝会社に出向き、ピエールと話をした。30代半ばで、フランスでもっとも優秀と言われる大学を出たエリートだという。

「昨日、吉本さんのメールを読んで考えました。会社としては退職について反対はしません。あなたの退職にあたって、お互いいがみ合わずに解決したいと思っています。でも、引継ぎができないと困るのです。退職日を延期してくれないでしょうか。引継ぎをして会社に協力してからやめてくれないでしょうか。それから離職届については『会社都合』と書くと、かえって吉本さんの再就職が不利になります。『自己都合』にしておいたほうがいいと思います」

「社長の言い分の中で『自己都合に』だけは仕方ないと思います。だけど、会社が困るから引継ぎをしてほしい、という意向には沿えません」

「こちらには一歩譲る考えはあります。引継ぎの間、賃金は時給３５００円にします。それから交通費については実費の半額を負担します。この条件で引継ぎをしてくれませんか？」

「そのほかにボーナスとか退職金は出しますか？」

「それは無理です。会社が出せるのはここまでです」

吉本さんはこれを聞いて、それまで言えなかったことをまくしたてた。

「私のこの10年間の仕事ぶりをピエール、あなたはよくわかっているでしょう。私は事務職として雇われたのに、経理全部を任された。会社の資金繰りまで毎年やりました。そのために簿記2級を自費で取った。フランスとのやりとりができる語学力もあったのに、資格給は1円だってつけてもらえなかった。通勤手当は8万円かかるところをたったの1万円しか出さない。今までも何度か通勤手当についても相談してきたのに、応じてくれなかったでしょう」

「フランス本社には退職金とボーナスの規定がないんですよ」

「ないのなら、特例としてでも作ればいいじゃないですか。フランス本社のことを引き合いに出すのなら、日本にも退職に際して引継ぎが必要という条文は労働基準法にないんですよ」

ピエールは吉本さんのこれまで見たことのないような剣幕に驚いたようだった。実際、給料関係など経理いっさいを吉本さんに任せてきたので、社内で他に経理ができる者がいなかったのだ。

「私が言いたいのは、とにかく一刻も早くやめたいということ、それだけです」

そこからピエールは打って変わって低姿勢になった。

「吉本さんの言い分はよくわかりました。私にもう少し時間をください。退職条件を吉本さんの意向に沿うように検討します。後日連絡します」

吉本さんは帰りの道すがら、斉田氏の言葉を思い出した。

「会社は自分で考えるのが嫌になったり、どうしていいかわからなくなったりすると、すぐに弁護士やベテラン社労士に丸投げするものです。弁護士や社労士は商売ですから、まあ私どももそうですが、できる限り退職条件を切り下げ、会社からの成功報酬を多くしたいと考えるものです」

斉田弁護士のこの言葉が現実にならないようにするためにも、そして円満解決に持ち込むためにも、誠意をもって会社とやりあわなくてはいけない、と吉本さんは思った。しかし、彼女の勢いに押されたのかどうか、ピエールはそれ以後メールをしてこなかった。

吉本さんは退職条件をまとめ、箇条書きにしてピエールに送った。ピエールから回答があったのは1週間ほどたってからだった。内容については相変わらず、引継ぎをしてほしい、その間時給を3500円にする、だが資格給をはじめ賃金の差額支払いについては一切出せない、ということだった。結局、吉本さんは1ミリたりとも会社の引継ぎ業務をしない代わりに、その月の給料以外は1銭たりとも手にしなくてもいいと心に決めた。というのも斉田氏から念を押すように言われた言葉が胸にあったからである。

「くれぐれも申し上げておきますが、円満に解決したいということに誠意をもっている、という気持ちを伝えることです。それと相手がなにか条件を言ってきたときは、即答してはいけませんよ。必ず、少し考える時間をください、と言うのですよ」

「闘う」ことの意味

ピエールから回答をもらった翌日、その内容と自分の決心を告げるため、私たちユニオンのメンバー3人と吉本さんは法律事務所に行った。吉本さんが会社とのやりとりを斉田氏に説明した。すると執行副委員長の中原さんが思わぬことを言いだした。

「私、どうしても気になることがあるんですよ。最初から穏便にやめる方向で話を進めている点なんです。1円の解決金もいらないという点です」

「でも、それは私も同意したことです」と吉本さんは言ったが、こんどは堀川さんが険しい顔になってこう言った。

「最初からやめるような話に持っていくことに私も納得いかない。吉本さんの経歴から推測すると、資格給をつけるべきだし、そもそも基本給が安すぎる。退職金を1銭も出さないのはおかしい。就業規則がないからなんとも言えないけれど、ここは日本だよ。ボーナスがなく、交通費も実費の1割くらいしか出さない、10年間1円も基本給が上がっていない。これでは仕事に対するモチベーションが下がる。穏便に退職するのは最初から負けを宣言するようなものだ。少なくとも団体交渉くらいはやるべきだと思うね」

中原さん、堀川さんが言うように、ユニオンに相談に来た以上、そうするのがユニオン側の役割というものだ。しかし、吉本さんはなんと答えてよいかわからないようで、下を向いた。堀川さんは身を乗り出すようにして吉本さんに聞いた。

「あんたが会社に退職条件を出した時、社長の対応はどんなだった?」

吉本さんは、10年間の交通費の不足分など未払い賃金を要求したが、すべて断られたことなどを話し「会社に未払い賃金を要求しても、その通りになるとは思っていませんでした。あの会社はケチですから。私は会社と争いたくない、だから会社が出さないというのならお金はいりません。一刻も早くこの問題から離れたいのです」と言った。

中原さんがすかさず口をはさんだ。

「その気持ちはわかります。あなたの会社にはユニオンがありません。いまの時代会社内にユニオンを作るのは確かに難しい。会社は労働者を孤立させ、搾取し、不利な立場に追いやって、会社だけが利益を上げています。ただ、そこに切り込んでいくのが我々コミュニティユニオンの役割なのです」

　吉本さんはじめ多くの若者は、資本主義社会とはいかなるものか考えたこともないし、教えられてもいない。吉本さんにしても、たとえ語学ができたとしても資本という目から見たら取るに足りない人間だ、だからわずかな報酬でも仕方がない、と思っている。

　もちろん、この考え方は間違っている。しかし、トラブルをおこさずやめたいという吉本さんの意志と、闘うべきだというユニオンの意識をどうすり合わせていけばいいのだろう。

「会社はあなたに対する交通費など未払い賃金の要求をすべて拒否した。それでいいのでしょうか？」と中原さんが畳みかけた。それに対して、吉本さんはきっぱりと言った。

「ピエールは私の要求をすべて拒否しました。それ以来連絡を取っていません。私は引継ぎをするつもりもないし、その義務もないのでこのまま離職届をもらい、それで終わりにしたいと思っています」

　堀川さんはなおも言った。

「私は吉本さんの話に賛成しかねるね。今の若者は大事なことを誰かに決めてもらって、それに従う人が多いのはわかる。吉本さんの件で言えることは、会社が1銭のお金も払わないのは搾取だし、それに異議申し立てしないのは社会正義に反するということなんだ」

　これに対して、斉田氏は「私は吉本さんの気持ちを尊重したいのです」と前置きしてから言った。

「社会正義が信じられ、実践された時代もありました。職場が楽しい時代もありました。しかし時代は巡り、ユニオンがない、就業規則もない会社が多くなり、職場が息苦しいと感じる人が多くなった。そもそも私が知っている会社の多くは、ユニオンがあってもその体をなしていない。吉本さんのようなケースでも80年代なら闘えたかもしれません。しかし、今はもうできなくなっています。私は社会正義を捨てろと言っているわけではないのです。

彼女にやめることを勧めたのは、闘うことによって失うもののほうが多いからです。吉本さん自身も闘うことを望んでいません。裁判になったら何年もの月日やエネルギーなど多くのものが犠牲になり、何よりも当人の気持ちが傷つくと思うのです。それに対して会社から取れるのは、どんなに頑張っても300万円未満です。それが吉本さんの幸せにつながるとは考えにくい。だから次のステップを踏んだほうがいい、私はそう思うのです」

吉本さんが口を開いた。

「中原さんのおっしゃることはわかります。闘わなければこの状況はもっとひどくなると思います。だけど、はじめから負ける、あるいは傷つくとわかっている闘いはしたくないのです」

斉田氏が口を開いた。

「確かに闘うことは大事です。でも、会社内で闘うユニオンというものは今ではもうほとんどないといってもいいのです。あなた方がやっておられるコミュニティユニオンがあちこちに存在し、それが今の希望になっています。その役割があることもわかります。でも、コミュニティユニオンも、ともすると闘うことこそが、裁判で勝つことこそが大事という考えが強いのです。あなた方が吉本さんの権利を主張したい気持ちはよくわかります。しかし、私がこの問題を団体交渉に持ち込まないほうがいいと考えるにはそれとは別の理由があるのです。

一つは今の日本社会が労働組合に対してあまりにも否定的になっていることです。だから労働組合を作って、あるいはあなた方のユニオンに加入して労働環境改善をすべく闘えば、吉本さんは会社から敵対視され、深刻な立場になります。もう一つは、私は労働相談そのものだけだとしたら無料で引き受けることにしています。というのは、労働相談に来る人の多くは経済的にひっ迫している方が多く、職を失えばすぐに家賃や食べることに困る場合があるからです。吉本さんは自宅通勤ですし、ご両親という支えがある。会社をやめてもすぐに経済的に困る状態にはない。この二つの理由から、あえて闘わないほうがいいと考えるのです」

しかし、中原さんはさらに反論した。

「労働者は会社のために働いている、それは確かにそうでしょう。でも、働く者であると同時に人間ですから、人間としての誇りを持つのは当然です。誇りを持つということは、会社の言いなりにならないことです。吉本さんの場合、私はやはり会社の言い分を拒否し、未払い賃金を勝ち取ることを勧めます。彼女の承諾があれば私たちユニオンは支援したいと思っています」

斉田氏は冷静に答えた。

「人間として誇りを持つことはいいことです。自負心、自己への尊厳はもちろん大切です。だけど、誇りや自負というのはうぬぼれや傲慢と紙一重のところにあるのです。いや、裏返せば同じことだと言ってもいいでしょう。まあ、このような議論はまたゆっくりすることにしましょう。

日本社会が労働組合に対して否定的になっていると言いましたが、いまでも闘う労働組合があって、私はそこで闘っている人を何人も知っていますし、団体交渉の場に行くこともあります。彼らは労働組合に誇りを持っています。私が見るところそれらは一見リベラルですが、柔軟な対応ができないことが多いのです。硬直した思考パターンから抜け出さないでいるように思えてならないのです。大事なのはイデオロギーやスローガンよりも、当人の気持ちを尊重することだと私は思うのです」

このやり取りを聞いて、吉本さんは言った。

「私の事案で皆さんの意見が対立している、それも熱心に議論されているのを拝見して恐縮しています。自分で言うのもなんですが、私の事案には普遍的な問題がいくつも絡んでいると思いました。中原さん、堀川さんの気持ちは大変ありがたいし、私も同感できるところが多いです。でも、私の気持ちはすでにあの会社にはない、未練がないのです。本当に申し訳ありませんが、斉田弁護士の言うように進めたいと思います」

吉本さんのこの言葉で案件は斉田氏の案で進めることになった。吉本さんは引継ぎも行わず、会社に対して連絡することもやめ、そのまま退職した。

私は斉田昭氏が言うようにいま「闘う」ことの無力さと無意味さを感じ、吉本さんの判断に賛同しつつ、資本主義の暴力に憤りを感じた。大資本しか残らない社会の中で、若者がどう働いていけばよいか、そこに正解はない。ユニオンが機能し資本と闘うことができた、そういう時代はすでに過去のことでしかない。第４章の柏木さんのように、例え裁判で勝っても、実際にはユニオンは敗北に敗北を重ねているのに、「負け」を認めず旧来のやり方に固執している。

私の関わっているコミュニティユニオンは「全国コミュニティユニオン連合会」として組

織され、日本各地に加盟団体があり、毎年全国大会を行っている。私は一度だけ出かけたことがある。大会二日目、10くらいの分科会があり、その中の「コミュニティユニオンの高齢化問題」に顔を出した。40人くらいの参加者のうちほとんどが「我々が属するユニオンもあと10年か15年もつかどうか。後に続く若者世代がいないから、活動の展望が開けない」と報告していた。「誰でも一人でも入れる」コミュニティユニオンがなくなれば、社会から働く人を守る機能がますます失われていく。その一方で、労働法は企業寄りに書き換えられ、会社、企業の働かせ方はより過酷さを増す。若者はそれに呼応するかのように会社寄りになり、法改正に歩調を合わせざるを得なくなっていく。若者の労働観や働き方は変わったのに、社会は、そして年配者は彼らの働く現場に目を向けずその変化についていけないどころか、まるきり無関心な人も多い。

ある時このことを私が口にすると、ある若い女性がそんなことどうってことない問題だといわんばかりの顔をして言った。

「そんなこと真剣に考える若い人なんかいないですよ。やめさせられたら、あ、そうですかってスルーするのが普通だもの」

それが処世術というものかもしれない。しかし一方では男女にかかわらず、この世の中を席巻している資本主義とやらに従いたくないと感じる若者は増えているのではないだろうか。

経済、お金、賃金を最優先させなくてもいいと考える若者は、わずかかもしれないが増えているのではないだろうか。生きがいは、自分を生かして働き、能力を向上させることだ、と考える若者が増えているのではないだろうか。

20年前、私が高校教員だった時、クラス45人の高校3年生に進学希望を聞くと、45人がそれぞれ自分の将来の展望を語り「私は○○になりたい、だから△大学のこの学部に行きたい」というのだった。稼ぎよりも自分の能力を生かした将来の夢を必ず成し遂げたいと語った。

若者をに夢を語らせる。それはよいことだろう。しかし、それと同時に労働とは何か、労働法にはどのように書かれているか、現実の労働環境はどうなっているのかなどについて、きちんと教科を立て、授業の中で学ばせることが必須である。

夢だけ語らせて労働法を教えなければ「私さえよければ」という意識や、自己責任論を肯定する方向に向かうほかない。このことは課題として、私の中で残り続けている。

第8章　ユニオンを活用するには

若者の意識について

これまでの活動で若者の話を聞いてきて、気になったことがある。それは、将来のことに話が及ぶと多くの人が「考えたくない」「考えても仕方ない」と答え、中には「せいぜい3日先のことくらいまでなら考えられる」という人もいたことだ。彼ら彼女らが先行きに不安を抱えていることがわかる。若い人には年配者にはない将来という財産がある。にもかかわらずそれが財産だと思えない社会は明らかにおかしい。

80年代くらいまでであれば、正社員として採用されたらその後の人生は会社が保障してくれた。ところが90年代くらいから会社は社員の面倒をみなくなり、それが当たり前になった。2010年になると、労働の現場は会社に支配され、労働環境は過酷になっていき、第3章の直美さんのような働き方をせざるを得ない人も増えた。

新卒の人でも、会社人生を送りたくない人は少なからずいる。人には頼らない、人の世話にならない、自力でなにかをやり通すというプライドを持ち、それを実行に移したいと思う人もいる。しかし、大多数の若者にとって、どの会社に入ってどんな仕事をすればどのくらい稼げるかは大きな関心事だ。そのためには被雇用者にならざるを得ない。すると直美さんのようにパワハラと長時間労働の下で働く人が出てくる。

本来ならば、会社があって従業員がいるのではなく、労働者が普通に暮らせる社会があって会社が成立するのだ。そのためには労働者に自由な発想と時間とが保障されることが必要だ。自由な発想と時間によって、よい仕事ができ、会社も世の中も安定する。しかしこの国はユニオンをつぶせる限りつぶし尽くし、ユニオン嫌いの社会にしてきた。同時に労働者の生き生きとした発想は奪われていった。社員で残るのは自由な発想を失い、会社と上役の眼鏡にかなうよう従属する者ばかりになっていく。まったく面白くない、平板で腐敗した社会になるのは当然だろう。このような社会で生きるほかないと思うと、将来について考えるのは辛く、いやなことでしかなくなってしまう。

もちろん職場で問題を抱えても、労働相談に出向き、会社と団交するなどして解決できる人も決して少なくない。しかし、ユニオンにかかわる人も問題を解決できた人も、そのほとんどは金銭解決をもって案件は終わったと考える。思うに、私たちはそれら労働運動の中にある本質、根本は何か、そこに普遍性はないかなどを考えなければならない時に来ている。直美さんのようなケースをなくそうとするなら、その本質に何があるか、そこを考えなければならない。それが少しでもわかれば、直美さんのような問題が起きるのを防ぐ方法も見えてくるのではないだろうか。

私は労働運動の奥にある本質、根本とは何かを見極めたいと思っている。本来、それを考えるのは、私のようにすでに労働現場から降りた者の課題というよりも、いま働き盛りの若者が解決すべき課題だと思う。だが、多くの若者にはそれを考える時間とエネルギーが不足している。問題が大きすぎて何をどう考えたらよいかわからない、だから「スルー」するのかもしれない。

内閣府の調査に「若者の意識に関する調査」（２０１８年）というものがある。７か国（日、韓、米、英、独、仏、スウェーデン）の比較調査結果の中で「私は自分自身に満足している」という質問に対して「そう思う」と回答した割合は日本が10・４％で、７か国中最低だった。「うまくいくかわからなくても意欲的に取り組む」について「そう思う」と回答した人は日本が10・８％で、やはり7か国中最も低かった。ちなみにアメリカ、フランスではこの質問に「そう思う」と回答した割合は40％を超えている。この結果からの推測に過ぎないが、日本の若者は彼らにとって重要であるはずの労働条件をなんとかしよう、よくしていこうと考える意欲を持たなくなっている。このことが「将来のことは考えたくない」若者が増えている遠因の一つになっているのではないだろうか。

若者たちが「労働問題はスルーするよ」と軽く答えたその気持ちの底には「考えてもどうにもならない、だから考えない」「どうせうまくいかないのだから、トライしても無駄」という諦めと無力感があるように思えてならない。この国の若者は「若いのだから失敗してもやり直しがきく」「イチかバチかでやってみよう」という気概に欠けているのではないだろうか。その一方で、一度失敗したらなかなか這い上がれない、這い上がるのがとても難しい社会システムの国、という現実もある。

いずれにせよ、若者はユニオンに振り向かない。世の中の苦さを何年もかみしめてきた一部の若者は転職を繰り返す。しかし、大多数は被雇用者になる。その場合、ユニオンの活用は大事なことだ。そのために私たちはどのようにすればいいのだろうか？

就業規則のシバリ

そもそも、社員が企業に服従せざるを得ない状況はなぜ作られていったのだろうか？　服従しなければならない現実は変えようがなかったのだろうか？

すでに書いたことだが、労働組合法は敗戦後、労働者の権利を確保するために作られた。だが、労組法がうまく活用できた年限はそれほど長くなかった。すぐに「ユニオンの歴史」は「ユニオンつぶしの歴史」となり、「ユニオンつぶしは労働者の会社従属の歴史」になっていったからだ。

どのようにしてユニオンはここまでつぶされ、労働者の自由と権利が失われていったのだろうか？　この問いを解く一つのカギは「就業規則」にある。

1973年まで、就業規則は労働基準法の枠内にあり、各会社の最低基準法だった。会社は労基法に則って就業規則を作り、これを労働基準監督署に届け、どのような就業規則なのかを、社員がいつでも見られるようにしなければならない。

ところが1973年から79年にかけて状況は一変する。この間、就業規則に「懲戒権」「業務専念義務」「施設管理権」などが盛り込まれ、最高裁は「就業規則が会社における最高の規則である」という判決を出した（判例法理と呼ぶ）。

どのようなことかというと、就業規則に「懲戒権」「業務専念義務」「施設管理権」などが盛り込まれた結果、就業規則が会社の「憲法」にまで格上げされたのだ。会社が作った「就業規則」に違反すれば経営者は「業務命令権」のもとに社員を懲戒することさえできる。そもそも「懲戒権」を持つのは国家だけであって、会社は社員に対する「懲戒権」を持っていないのに、である。会社が「業務命令」と言えば、社員は従わなければならない。例えば社員の中に「闘う労働組合員」がいて、彼が組合バッジを洋服のどこかにつけていたとしよう。会社はその社員にバッジを外すよう命令できる。あるいは、社員が自宅でユニオンのチラシを作ったとしよう。会社は「わが社の社員はすべての時間を業務遂行のために使わなければならない」として、チラシ作りをやめさせることができる。これに抵抗すれば「業務命令違反」となる。

洋服に自分の考えに従ってバッジをつけるとか、退社後に好きなことをするのはいまの世の中では当たり前のことだ。その当たり前を当たり前ではなくしたのが、一連の最高裁による「就業規則法制」である。この法制は労働者の自由、権利を奪う「悪法」というよりほかない。それを作ったのは国と経営者であるが、規則に従順な社員ばかりになればその会社はもちろんのこと、それで構成される社会までもがおかしくなるのは当然だ。実際、これ以降、会社の在り方は変容、変質してきたと言われる。

さらに悪いことに、就活にいそしむ若者には労働組合法や就業規則法制を知らない人が多い。ある男性（37歳）にインタビューしているとき、「春闘」と「ベア」という言葉を使ったところ、「それってなんですか?」と質問された。このようなことは彼に限ったことではない。彼らは労働者の味方であるこれらの労働法を知らず、いわば非武装で就活に臨む。雇用の保障がなくユニオンもないところで働いていることすら意識していない。それどころか多くは「就業規則法制」の精神、つまり「会社に従属すべし」という経営者側の理論を労働者が忖度し、会社の気風になじもうとする。これがいまや常識になっている。私が話を聞いた若者の多くは、ユニオンに対してよいイメージを持つ人は少なく、「闘うユニオン」には拒否的でさえあった。若者のユニオン、市民運動に対する印象が芳しくないのは、就業規則法制が会社や社会の常識になっていることと密接に関係している。

このことを知っているかどうかわからないが、会社に従属するところから離れて仕事をする人が少なくとも私の周囲に何人かいる。個人事業主になったり、ワーカーズコレクティブ（地域の住民が共同で出資し、全員が対等な立場で経営に参加しながら地域社会に必要なものやサービスを提供する事業体）の中で働く人もいる。こういう人たちはそもそもユニオンに関わらないですむかもしれない。けれども、国と企業は労組に強い嫌悪感を抱き、労組の権利をつぶすのが体質化している。多くの人はこのような企業から逃げ出せず、過酷な労働現場にいるよりほかない。この人たちはどのようにしたらよいのだろう？「そのためには就業規則法制を覆さなければならないでしょう」という回答が考えられるが、これは「判例法理」を覆すことで、弱い立場の労働者が簡単にできる話ではない。しかし、経営者と社員とが主従関係になるこの「悪法」を放置してはならない。歴史的課題として就業規則法制を覆す必要があり、そのためには労働者自身が行動を起こすよりほかないのである。

会社の外にあるユニオン

ここまで読まれた方は「就業規則が会社の最低基準法ではなく、会社の憲法にまで格上げされてしまった。これによって労働者は会社の言いなりになるしかないのではなかろうか」「少しくらいの残業や休日出勤はこれまでもやってきたのだから仕方がない」「労働者は業務命令に逆らうことなどできない」と思われるかもしれない。

しかし、皮肉なことにこの就業規則法制を作り上げたのは企業と国である。企業内組合で会社に異議を唱え、抵抗し、会社の言い分を覆すのは困難だ。けれども国は同時に労働者の権利を保障する労組法も作っている。だから会社内ユニオンは難しくても、会社外にコミュニティユニオンを作るなら、困難さは少なくなる。「労働組合法」は国が作ったものだから、この法律を会社が違反した場合は罰しなければならない。

ユニオンとは何かも知らず、ユニオンに関する知識も経験もなく、私企業で働いた経験のない私が、いろんな案件にかかわってこられたのはひとえに、労組法に基づいた法律にのっとっていたからである。ここでいくら活動しても賃金は生まれない。それなのになぜ長い年月かかわってきたのかといえば、そこには時間やお金には代えがたいものがあったからだ。ユニオンの活動が面白かったからである。１円のトクにもならない活動だからこそ、好奇心をそそられる。それはユニオンのメンバーと相談者とが共同で作り上げるストーリーである。案件が不可解であっても、相談者の言い分に不審な点があっても、それが意外性に変わり、興奮させられる場面に出合うことも多い。一人の人間の労働のありようは、その人の暮らし、生き方を反映し、この国の社会そのものを反映する鏡でもある。

さらに言うなら、労働者を犠牲にし、おかしなやり方を社員に強いる経営者という虎に対して、猫のように弱い立場でなんの武装もできない労働者が、虎と対等な立場に立つことができ、「正論」が言える。「正論」を「正論」として筋を通せば、「不正」を行う虎を倒すことさえできる。会社側のやり方のおかしな点、違法な点を指摘し、犠牲になった労働者に対して謝罪と損害賠償請求ができ、賠償金を受け取ることができるのだ。

労働者が企業に対してきちんとモノが言える、この立場を保障するのは労組法をおいてほかにない。この一点において資本主義社会で働く労働者にとってユニオンはなくてはならない、活用すべきものである。

ユニオン活動に少しでもかかわるなら、団体交渉をどのように組み立てるのが有効かわかってくる。うまく団交を組み立て、それを何度か積み重ねていく中で、会社側の「不正」が徐々に明るみに出てくる。会社外のコミュニティユニオンは、次に述べるように加入や活動やハードルは会社内のそれよりぐっと低いという点も魅力的だ。

ユニオンの作り方

それではコミュニティユニオンはどのようにすれば作れるのだろうか？

作り方はいたってシンプルだ。

あなたが現在勤務している会社内でパワハラなどのトラブルを抱え、心身ともに疲弊し、切羽詰まった状態にいて、なんとかしたいと思っているとしよう。かつて会社内の労働組合が強かった時代の事例はいくつか書いた。コミュニティユニオンは会社外にある。しかしそれが地域で見当たらない場合もある。その時は一人でもユニオンを作ることができる。だが、一人で作るよりも誰か相談できる人と一緒に作ったほうがいい。その場合どうすればいいのだろうか？

まず、あなたの周りで信頼のおける人を思い浮かべてみる。近所に住むおばさん、おじさん、あるいはいつも懇意にしている美容師さん、学校時代の旧友などきっと一人くらいはいるはずだ。一人でもいいからターゲットを定め、会社での悩みを打ち明け、力になってほしいと頼むことだ。悩み事を聞いてもらうだけでも、あなたの気持ちはぐっと和らぐだろう。悩みを聞いてくれたなら少しずつユニオンとは何かという話をしてみよう。ユニオンがどんなものかは本書の事例を参照にしてほしい。案件が終了したとき、ユニオンをを解散することもできる。

「そのくらいなら協力できる」と言われたらそこがスタートである。あなたは早速その人に、「あなたの友だちで誰か協力してくれそうな人はいないか」と聞いてみる。口コミで探していけば3、4人くらいなら意外に集まるものなのだ。

数人程度の仲間ができたとき、「私たちは○○ユニオン（仮称）を作りました」と名乗るのだ。仮にその中の誰かが今加入しているユニオンがあったとしても、そのユニオンを退会する必要はない。コミュニティユニオンは二重、三重に加入しても問題がなく、法的なシバリがないからだ。ただし、組合費、加入費、あるいは和解金が生じたりした場合ユニオン独自の預金通帳が必要だ。ユニオン独自の口座開設に当たって、当ユニオンの規約を作らなければならない。

次に問題を抱える当人が勤める会社に対して「△さんは○○ユニオンに加入しました。今後は△さんが抱えている労働案件については、○○ユニオンに交渉権が委任されました」と、Eメールか文書で通告する。これをもって、あなたにかかわる労働条件並びに諸問題は今作ったばかりの○○ユニオンが交渉権を持つことになる。

その時、会社から「○○ユニオンの組合員であることを証明してほしい」と言われることもある。その時は必ず「△さんは何月何日、当ユニオンに加入しました」という文書を作って通告しなくてはならない。もし、あなたが組合加入なしに次の段階、例えば団体交渉に臨めば、組合員の詐称となり、当ユニオンの執行委員長が詐欺罪に問われる可能性がある。この点は注意が必要だ。

さらに、労基法と労組法についてある程度把握し、必要に即してこれら法律の知識を得る、このことに明るい人のアドバイスを受ける必要もある。

次の段階ではたいてい、「〇〇ユニオン」の名のもと会社側に団交申し入れ書を送ることになる。団体交渉権はユニオンのみに認められた権利である。団交申し入れ書には、団交で何を要求したいのか、目的を明記する必要がある。書面作成時には目的をどのように設定するか、ユニオンのメンバー全員でよく話し合い、納得したものを作ることだ。その目的とは、例えばパワハラを会社に認めてもらい謝罪を求めたいとか、謝罪だけでなくパワハラによって受けた損害の賠償を要求したいなど具体性を持たせる必要がある。団交に際しては、会社側の誰に何を質問するのか、事実関係を誰に尋ねたいのかなどの打ち合わせをしておくことも重要だ。

会社は団交申し入れに対して誠実義務が課せられる。もし団交を拒否したら労働組合法第7条により「不当労働行為」として罰せられる。

私のつたない経験から、にわかユニオンであっても団交の目的を達成する第一の秘訣はユニオン内の人間関係のありよう、つまりユニオンに集まった人が信頼に基づいているかどうかにかかっていると思う。いまの世の中で信頼に基づく人間関係を作り、それを継続することは難しいかもしれない。しかし、団交を進めていく中で誰かの発案がとても有効で、これに刺激されて人間関係が深まっていくのもまた事実である。

どちらを見ても「夢」がなく、転落していく人を見て見ぬふりをする、あるいは世の中の人と自分からすすんで縁を切っていく、そんな社会である。そこには「信頼などありはしない」という人間に対する軽蔑がある。しかし、こんなご時世だからこそ人とのつながりを基本にし、弱い立場の人でも理不尽なことに異議申し立てができる。その役割を果たせるのがユニオンだ。ユニオンでの活動を通して私はこのことを実感した。

これら小さなユニオンが地域ごとに網の目のように増えていくなら、社会はいまとは全く別のものになっていくに違いない。

困っている者同士助け合えるのがユニオン

近年、この国で働く外国人が増えている。今後も外国人労働者の需要は増え続けることが予測される。外国人の場合、国籍を理由に労働者の権利が守られず、危険な業務をさせるところも多い。三島ふれあいユニオンでもパキスタン人、フィリピン人、あるいはイギリス人などの労働相談に応じてきた。いずれも一定の成果を上げることができた。成果を上げた要因は相談者に日本語の通じるパートナーがいたことが大きい。労働問題でなくても外国人と共存するためには意思の疎通、言葉が通じることが大事だ。いま、北関東で就労するベトナム人が多いと聞く。彼らはグループを作って共同生活しながら働く人が多い。労働問題が起きた時は、グループの中で最も日本語がうまい人が通訳を務める。コミュニティユニオンが独自で労働用語を理解できる通訳を雇うことはあまりない。通訳を職業とする人は１時間の通訳でいくら、Ａ４判１枚の書類でいくらなどと費用がかかるからだ。無償労働が基本のユニオンでそれが払えるところはそんなに多くない。しかし、外国人の案件がうまくいくかどうかは通訳者の質にかかっているという。

これからますます外国人労働者を受け入れるようになるのであれば、通訳者をどうするかは深刻な問題だ。彼らの多くは１年くらいの契約社員など非正規雇用が多い。すると言葉の問題だけでなく、雇用契約など法律に関する知識がどうしても必要になる。コミュニティユニオンを支える人の高齢化と同じくらい、重要な課題になってくるだろう。

ユニオンとは隣で困っている人、苦しんでいる人がいたら、当人が誰かに「助けて」と声をかける。かけられた人は彼女／彼に同情し、どうしたのか聞く。そしてその苦しみを共有し、なんとか力になりたいと思う。雇用され、労働することは誰にとっても人生を左右する重要なことだ。この重要なことを、一緒に考え解決しようとする。そこにはたったの数人であってもコミュニティができている。小さくても一つの社会を作っている。これがユニオンの基本だ。自分たちでユニオンを作る、それは世の中の自由を作ることになる。人の幸せにつながることになる。長い人間の歴史を見れば、人と人がつながらない社会のほうが異常なのだ。

弱い立場の人が闘っていくには、人と人がつながり、そこで誰かが抱える問題を共有し、一緒に活動していくことだ。これくらいなら誰でもできることだろう。仮にたった数人の女性の集まりでも、ユニオンを名乗り、加入さえすれば会社に立ち向かえる。これがユニオンの根本精神だ。だから一人で閉じこもってしまわないで、「スルー」しないで、誰かにその悩みを打ち明ける。そこからなんらかのストーリーがはじまる。

冒頭に記したように、私は労働運動に関しては全くの素人だった。いまは、ほんの少しだけユニオンのなんたるかがわかってきた。もしかしたら、なにかの拍子に私が新たなユニオンをつくり、素人でも働いていなくても、ユニオンに関わってね、と知人に頼む場面に出くわすかもしれない。しかし、現実を見るといくら敷居を低くし、間口を広くしてもユニオンにかかわりたくないという若者は多い。ささやかな人間関係すらうっとうしいと思うのかもしれない。

ユニオンとは力が大きい会社に対して、力が小さい労働者が予想以上の力を発揮できる舞台である。社会のありように関心を持ち、人間らしく、暮らしやすい社会で生きて行きたいと思うなら、それを実現させるツールであるユニオンを利用することだ。それができるのは今働いている労働者であり、一人一人の個人である。

おわりに

村山雄二さん（39歳、仮名）の話は労働相談ではなく、人生に関するものである。それは思想もなく、ひたすら生きづらく世知辛い現代社会を生き抜く一人の若者の話だった。話を聞いたのは新型コロナウイルスの感染症がはじまる少し前の冷たい雨の日だった。村山さんは黒のジャンパー姿でふらりと現れ、落ち着いた様子で喫茶室の片隅に座り「お聞きしたいことはなんでも話しますよ」と言って、語りはじめた。

僕は北海道、帯広の出身です。18歳のとき家を出てきて、それからずっと一人で生きてきました。僕、実は中卒なんです。高校受験はしました。でも、数学は白紙でした。連立方程式っていうのがあるでしょ。あれが全くわからなかったんです。その高校は合格したんですが、1年で退学しました。そのあとガソリンスタンドでバイトしましたが、飽きてしまい1年でやめました。その後別のバイトをし、18歳の時東京に出てきました。ここでは大型トラックの運転手をしました。ペリカン便などのトラックによるロジスティックです。この仕事は27歳くらいまでやりました。朝3時に起きて、夕方6時まで14～15時間仕事をするなんていうのは、ざらにありました。自分一人で仕事ができる、人から指図されない、だから休み時間を適当にとれる、そういう点が気楽でした。ボーナスなし、昇給なしですが手取りで30万円くらいありました。この業界はチンピラと言ったら怒られるかもしれませんが、底辺層の人が多いです。夏でも長袖シャツを着ています。腕に刺青をしている人が多いのです。刺青なんかあったらお客が付きませんからね。

　中卒ということで学歴差別を受けました。それがとても嫌でした。トラックの運転手なら学歴に関係なく雇ってもらえます、でも、中卒は人間ではないと、人間性を否定されました。一番こたえたのはハローワークに行っても、中卒だと書類が通らないことなんです。このころ絶望的な気持ちになりました。希望がない、先が見えない。すがるような気持ちで仏教に関する本を読んだりしました。読んでいて、ああ、自分は六道のうちの修羅道にいるんだ、早くここから脱出しなければ、と思いました。

　ある会社に履歴書を持っていきました。それを見たとき社長が吹き出したんです。「いまどき中卒かあ！」と笑われました。どこに行っても修羅道だと思ったので、ここから早く抜け出したいと思いました。

　27歳の時父ががんで亡くなりました。それで、一時帯広に帰ったのです。その時このままトラックの運転手はできないと思いました。さんざん親に迷惑をかけたので、父親に親孝行をしたいという思いと、自分自身の人生に限界を感じていたのです。札幌に出て会計士の資格を取る勉強をはじめました。実家が会計事務所をやっていたのですが、そのあとを継ぐという気持ちはありませんでした。いずれ独立したいと思っていましたから。最初はバイトをしながら会計士の勉強をして試験を受けました。でも、バイトしながらでは受からないとわかって、実家に仕送りしてもらいながら1日14時間、正月以外は毎日勉強しました。塾にも通いました。3年間勉強だけに専念して合格しました。このくらいの勉強時間は会計士受験生であれば珍しくありません。朝起きて顔を洗うように、受験勉強が生活の一部になっていたので続けられたのだと思います。会計士の試験は頭のよさよりも、勉強を継続する意思力が問われる試験だと思います。

会計士の資格が取れたので東京に出てきました。合格後に2年間の実務経験と3年間の補習があり、最後に「修了考査」という試験に合格すれば公認会計士登録になります。最初は赤坂で従業員が3人くらいの個人事務所に就職しました。が、社長とそりが合わなくてやめました。その後会計士が3000人近くいる大手の監査法人に就職し、経験を積みました。主に企業の税金に関する申告書を作ったり、会計事務所の書類をチェックしたりする仕事でした。そこに5年半勤め、独立するためにやめました。つい最近のことです。都心の貸しオフィス、といっても1・5坪のホントに小さなオフィスですけどね、そこを借りました。

僕は自分で事務所を背負っているから不正をやる人の気持ちはわかります。資本主義は勝ち組と負け組が出ます。社長としては勝ち組になって残らないといけないですからね。そうすると新自由主義になり、自己責任になるのは当然だな、と思うのです。

僕には座右の銘があります。何をやってよいのかわからず、仏教の本を読んでいる中で見つけた〝修証一如〟という言葉です。何事もやっていく場合プロセスが大事、結果よりもプロセスが重要という意味です。この言葉が支えになりました。ニーチェと仏教が好きです。ドストエフスキーも好きです。『罪と罰』のスヴィドリガイロフに惹かれます。希望を持っていないところ、絶望的なところが好きです。

村山さんの話を聞けば多くの人は「中卒で公認会計士になるなんて嘘でしょう」と思われるかもしれない。私も彼のライフヒストリーに引き付けられ、驚いた。だが、何に驚いたのかといえば、彼の努力と忍耐に驚いたというよりも、その話が私自身に向けられたメッセージであることに気づいて驚いたのである。

私は本書で年配世代と若者世代の間には深くて底の見えない溝がある、その溝は越えられるのかと書いた。私に向けられた村山さんからのメッセージとはこのことにかかわる話である。少なくとも私は人生においてまずは学業を修めること、そののち就職し、適当な（いや、私を愛してくれる人）と結婚し、家族を形成し、年金などで老齢期を過ごすというライフコースが当たり前であるとぼんやり念頭に描いていた。「ライフコース論」は教員時代生徒に教えさえしていた。しかし、このことを授業でやっているその時、ふと頭の中に「本当にこんなことをこれからを生きる10代の生徒に自信をもって教えてよいものか」という疑惑が浮かんだ。それ以来私は「教える」作業に自信をなくし、早期退職した。

村山さんのライフコースは明らかに「当たり前のコース」から外れている。彼ほど強烈ではないにしても「当たり前のコース」つまり、学業を終えない、就活をしない、正社員にならない、婚活も結婚もしないという若者に、若者サポートセンターやユニオン活動、市民活動をしてきた中で何人も出会った。彼らの話は、村山さんが私に語った話と重なる部分が多いのだ。少なくとも私は教員時代まで「当たり前のコース」を歩んできた。しかし、授業を通して「当たり前」が「当たり前」に思えなくなり、「当たり前」から降りてしまった。この時、自分の過去の考えを訂正したのである。教員をやめ、それまでの考え方を訂正したとき、周囲で起きていることを、それまでとはぜんぜん別の目で見ることができるようになった。それまで抱いていた信念を変えることによって、生徒を、教育を、そして学校を別の角度から見られるようになったのである。それはあたかもパソコンのキーボードをたたき、一つの文章を書く。するとそののち全く違う考えが頭に浮かび、その文章に別の新しい文章を上書き保存する、あの「上書き保存」の作業に他ならないと思えたのである。

私が本書を書いたモチベーションは、労働運動や市民運動は世の中に必須なものという前提がある。しかしこれらの運動は衰退の一途をたどっている。なかでも労働運動、労働組合は絶滅危惧種だと思う。だが、労組法の理念を見れば、これはけっしてなくしてはいけないものだ。捨ててしまうにはあまりにももったいない、日本社会においてなんとか使い続けられるものにすべきだとの思いで本書を書いた。

運動を次世代につないでいくにはどのようなことをすればよいのだろうか、どのようなことならできるのだろうか。年配世代に聞いても解答は全く得られなかった。私自身をはじめ、なぜ誰もこの問いに対する解答を持てなかったのだろうか?

その答えの一端が村山さんの話の中にあるのに気づいたのである。

つまりこれまでの労働運動のやり方を「当たり前」としている限り、これからユニオンがどうなるのか、どうすればよいのかという答えは出てこない。村山さんの話を聞いて、私は今の若者世代に、私たち年配世代が過ごしてきたライフコースを押し付けてはいけないと思った。既存のライフコースは彼らにはもうすでに当てはまらなくなっている。同じようにユニオンを見れば、「当たり前」の働き方を前提にしていたら、若者がユニオンに振り向かないのは当然だ。

現在でも労組法は厳然と存在し、ユニオンも存在する。それを若者世代が継承することによって、いかに大きな恩恵を受けるか、労組法をだめにしてしまったらいかにリスクを負わなければならないか、それに気づくためには「当たり前」という固定観念を修正し、上書き保存を積み重ねることだ。ユニオンへの見方が変わるからである。ユニオンに加入し、少しでも活動することは望ましい。しかしその前に、私たちはユニオンに対する固定観念を修正し、全く新たな見方でユニオンを見る作業が必要だ。そのうえで、どのように活動していけばいいか考えていくことが、世代をつなげて労働問題を解決していくことになるはずだ。私のつたない経験からすると、意識を「上書き保存」する作業は実に楽しいことである。これを声を大にして言いたいのである。

梶原公子　かじわらきみこ

1950年生まれ。静岡県立静岡女子大学卒。高校家庭科教員として20年あまり勤務。退職後、立教大学大学院で社会学修士、聖徳大学大学院で栄養学博士。のち管理栄養士資格を取得。社会臨床学会運営委員などを経て、若者、女性をテーマに取材執筆活動をおこなっている。2010年からは静岡県の地域ユニオンに参加し、労働者の支援にあたっている。
著書に「25パーセントの女たち」(あっぷる出版社)、「若者はなぜ自立から降りるのか」(同時代社)、「自己実現シンドローム」「健康不安と過剰医療の時代(共著)」(長崎出版)などがある。

コミュニティユニオン 沈黙する労働者とほくそ笑む企業

2021年8月1日　初版第1刷発行

著　者　梶原公子
発行者　渡辺弘一郎
発行所　株式会社あっぷる出版社
〒101-0065 東京都千代田区西神田2-7-6
TEL 03-6261-1236　FAX 03-6261-1286
http://applepublishing.co.jp/
装　幀　三枝優子
印　刷　モリモト印刷

定価はカバーに表示されています。落丁本・乱丁本はお取り替えいたします。

好評既刊

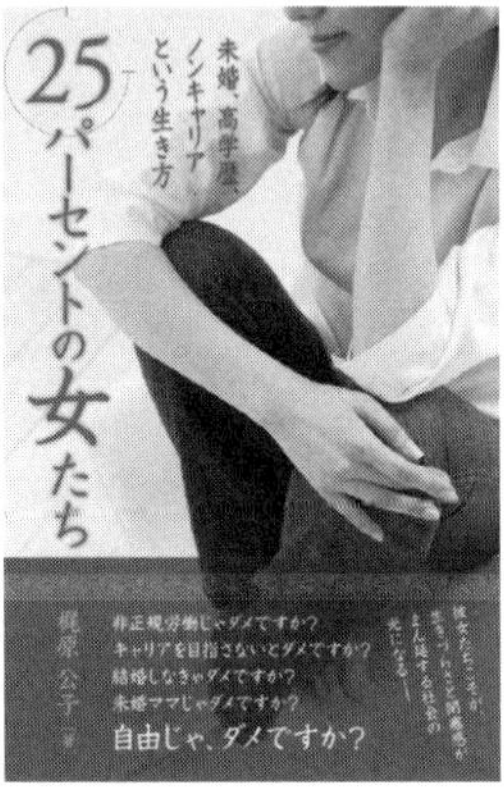

梶原公子 著

25パーセントの女たち

未婚・高学歴・ノンキャリアという生き方

定価：本体1600円＋税

ISBN：978-4-87177-324-9 C0045

20代30代で、仕事→結婚→主婦という当たり前のレールから降りていく女性がいる。彼女たちはキャリアにこだわらず、男性社会にも媚びず、かといって世の中に対して声高に自己主張をするわけでもない。彼女らの世間に流されない自由な生き方が閉塞する社会を照らす光になる。